メジャー・リーグ30球団　フランチャイズマップ

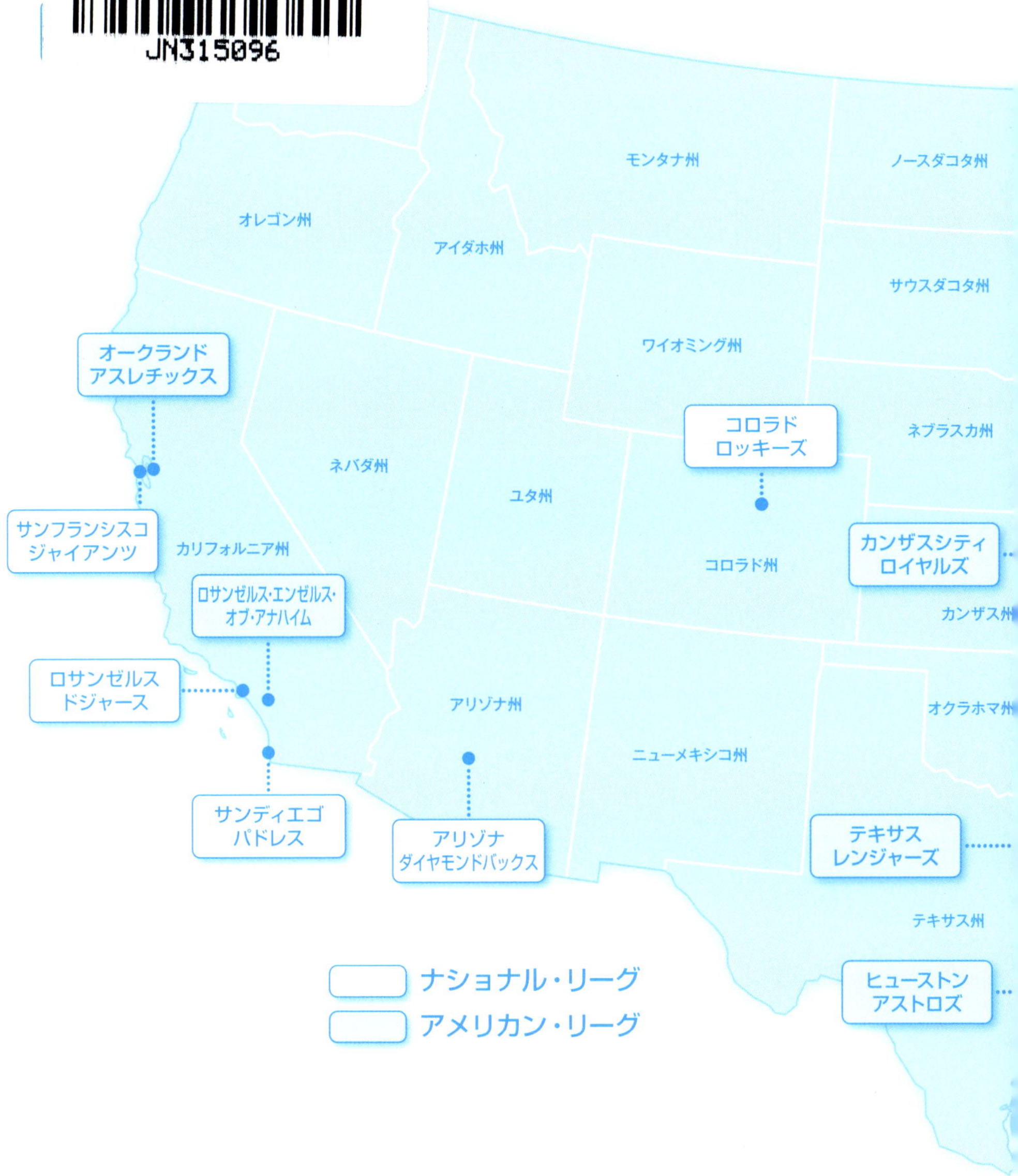

モンタナ州
ノースダコタ州
オレゴン州
アイダホ州
サウスダコタ州
ワイオミング州
オークランド
アスレチックス
コロラド
ロッキーズ
ネブラスカ州
ネバダ州
ユタ州
サンフランシスコ
ジャイアンツ
カンザスシティ
ロイヤルズ
カリフォルニア州
コロラド州
ロサンゼルス・エンゼルス・
オブ・アナハイム
カンザス州
ロサンゼルス
ドジャース
アリゾナ州
オクラホマ州
ニューメキシコ州
サンディエゴ
パドレス
アリゾナ
ダイヤモンドバックス
テキサス
レンジャーズ
テキサス州
ナショナル・リーグ
アメリカン・リーグ
ヒューストン
アストロズ

メジャー・リーグはおもしろい

がんばれ日本人選手

国松 俊英

WAVE 出版

もくじ

表紙写真／ダルビッシュ有投手
裏表紙写真／レンジャーズ・ボールパーク・イン・アーリントン

メジャー・リーグはおもしろい

がんばれ日本人選手

1 大活躍《だいかつやく》する日本人選手《せんしゅ》

ダルビッシュ有《ゆう》、世界一の投手《とうしゅ》をめざして

二〇一二年四月二十四日。テキサス州《しゅう》アーリントンにある野球場《やきゅうじょう》、レンジャーズ・ボールパーク・イン・アーリントンだ。

試合前《しあいまえ》の投球練習《とうきゅうれんしゅう》が終わった。マウンド上のダルビッシュ有投手《ゆうとうしゅ》は、さいしょにグラブで両足にタッチし、それから右腕《みぎうで》をいきおいよく空に突《つ》き上げた。この試合をしっかり投《な》げ切《き》ることができますように、というダルビッシュのお祈《いの》りである。日本でも、試合がはじまる時にやってきた儀式《ぎしき》だった。

「プレーボール」

主審《しゅしん》の大きな声がひびいた。ダルビッシュはふりかぶると、ヤンキースの一番《いちばん》バッ

ター、ジーター選手《せんしゅ》にむかって第一球目《きゅうめ》を投《な》げこんだ。

メジャー・リーグ、レンジャーズにくわわって四試合目《しあいめ》の登板《とうばん》だった。これまで二勝《しょう》〇敗《はい》で、まずまずの滑《すべ》りだしでやってきた。

この試合、三回の裏《うら》に最大《さいだい》のピンチがおとずれた。レンジャーズが一点《てん》リードをして、ヤンキースの攻撃《こうげき》となった。ところがジーターのたくみなバントヒットなどで、無死満塁《むしまんるい》となってしまった。しかし、二番のアンダーソンを三振《しん》で討《う》ちとり、打席《だせき》にむかえたのは三番のロドリゲスだ。アメリカン・リーグ最強《さいきょう》といってよい打《だ》者《しゃ》だった。

ダルビッシュは、逃《に》げることなく勝負《しょうぶ》をいどんだ。そして、ツーシームボールで三塁《るい》ゴロを打たせ、ダブル・プレーにした。

ヤンキースの投手は、日本人の黒田博樹《くろだひろき》だった。黒田は二〇〇八年にドジャースに入って、二〇一〇年、一一年と二けたの勝利《しょうり》をあげた。二〇一二年からヤンキースのユニフォームを着《き》ている。安定感《あんていかん》のある投手だ。その先輩《せんぱい》投手に負《ま》けないで、ダルビッシュはどうどうと投げた。

ダルビッシュは八回三分の一を、七安打無失点《あんだむしってん》におさえた。三三人の打者《だしゃ》と対《たい》して、一一九球《きゅう》を投《な》げた。打たれたヒットは七本、うばった三振《しん》は一〇個《こ》、出した四球《しきゅう》は二つだった。三勝目《しょうめ》を上《あ》げた。

二安打《あんだ》を放《はな》ってさすがと思わせたジーター選手《せんしゅ》は、試合《しあい》の後《あと》こういった。

「ダルビッシュは、すべての球種《きゅうしゅ》をおりまぜながら、ヤンキースの打者に対してすばらしい投球《とうきゅう》をしていた。投手《とうしゅ》がだれであっても、はじめての対決《たいけつ》はきびしい戦《たたか》いとなるが、ダルビッシュは投手としてじつにすぐれていた。制球《せいきゅう》もよくて、つねに有利《ゆうり》なカウントで投げていた」

ジーターはダルビッシュに、このようなほめことばを送《おく》った。

また、ニューヨーク・タイムズ紙《し》（電子版《でんしばん》）は、二失点《しってん》で敗戦投手《はいせんとうしゅ》となったが好投《こうとう》したヤンキースの黒田《くろだ》も評価《ひょうか》しながら、記事《きじ》につぎのように書いた。

「この試合では、ふたりの日本人先発《せんぱつ》投手が力投《りきとう》した。ひとりの投手はよく、もうひとりはもっとすばらしかった」

いつもきびしいニューヨークの記者も、ダルビッシュのピッチングに感心《かんしん》したの

オリオールズ戦《せん》で力投《りきとう》するダルビッシュ投手《とうしゅ》。

だった。

その六日後の四月三十日。ダルビッシュは、カナダ・トロントのロジャース・センターでブルージェイズと対戦《たいせん》した。七回を投《な》げ、四対《たい》一で勝《か》った。

メジャー・リーグが開幕《かいまく》した四月、ダルビッシュは四勝《しょう》〇敗《はい》、防御率《ぼうぎょりつ》二・一八の成績《せいせき》をあげた。それでアメリカン・リーグの四月の最優秀新人《さいゆうしゅうしんじん》に選《えら》ばれたのだった。

ダルビッシュ有《ゆう》は、一九八六年八月に大阪府羽曳野市《おおさかふはびきのし》に生まれた。中学を卒業《そつぎょう》する時、五〇校もの高校野球部《こうこうやきゅうぶ》から誘《さそ》いがかかったといわれる。仙台市《せんだいし》の東北高校《とうほくこうこう》に進学《しんがく》して、一年生の秋からエースとなった。高校二年の春・夏、三年の春・夏と四度甲子園《こうしえん》に出場《しゅつじょう》した。二年の夏は決勝《けっしょう》で常総学院《じょうそうがくいん》に敗《やぶ》れ、準優勝《じゅんゆうしょう》だった。三年春の対熊本工戦《たいくまもとこうせん》では、史上《しじょう》二度目《どめ》となるノーヒットノーランを達成《たっせい》している。

二〇〇四年十一月のドラフト会議《かいぎ》で、北海道日本ハムファイターズが一位指名《いしめい》して、翌年春に日本ハムへ入団《にゅうだん》した。

日本ハムでは七年間投《な》げたが、五年連続防御率《れんぞくぼうぎょりつ》一点台《てんだい》という成績《せいせき》をのこしている。

これは、日本のプロ野球《やきゅう》史上《しじょう》の大記録《だいきろく》といわれている。そしておもな賞《しょう》では、シーズンMVP《エムブイピー》を二回、沢村賞《さわむらしょう》を一回、ベストナイン賞を二回受賞《じゅしょう》している。

テキサス・レンジャーズは一九六一年に生まれたチームで、まだワールドシリーズの優勝《ゆうしょう》をはたしていない。優勝するために、どうしても必要《ひつよう》だったのが「エース」の獲得《かくとく》だった。

レンジャーズは二〇一〇年、一一年と、ワシントン監督《かんとく》のもとでアメリカン・リーグの連覇《れんぱ》をはたした。しかし二年連続《れんぞく》でワールドシリーズの優勝をのがした。一一年は、優勝まであと一球《きゅう》のところまで行って、負《ま》けてしまった。負けたいちばん大きな原因《げんいん》は、エースがいなかったことだ。

レンジャーズの入団会見にのぞんだダルビッシュ有《ゆう》。

レンジャーズは、二〇一二年のシーズンには強力《きょうりょく》なエースを入れたいと考えた。そして選《えら》ばれたのがダルビッシュ有《ゆう》だった。

レンジャーズは二年間日本ハムのダルビッ

シュをずっと追《お》いかけ、調査《ちょうさ》してきた。そして彼《かれ》なら、かならずエースになれると確信《かくしん》して、総額《そうがく》六千万ドル（約四八億円）を出して獲得《かくとく》したのである。

ダルビッシュは前に、「メジャー・リーグに行くなら、野球をやめる」といっていた。けれど、二〇一二年一月の日本ハム退団《たいだん》にあたっての会見では、こう話した。

「ぼくは、相手打者《あいてだしゃ》に強い気持ちでむかっていくのが好きです。その相手打者に試《し》合前《あいまえ》から、『打てないよ』とか『投げないで』とかいわれて、フェアな対戦《たいせん》をしていないいんじゃないかと思いました。ぼくは、純粋《じゅんすい》にすごい勝負《しょうぶ》がしたかったのです」

それが、ダルビッシュの気持ちをメジャー・リーグにむけさせた大きな理由《りゆう》だった。彼の中で気持ちが変わっていったのだ。

二〇一二年十月三日、レギュラーシーズンの全日程《ぜんにってい》が終わった。シーズンの前半は順調《じゅんちょう》だったが、オールスター戦後《せんご》は不振《ふしん》におちいった。そして苦《くる》しんだ末《すえ》に、安定《あんてい》したピッチングにもどした。そしてシーズンを投げぬいた。

二九試合に登板《とうばん》し、一六勝《しょう》九敗《はい》、防御率《ぼうぎょりつ》三・九〇という成績《せいせき》だった。レンジャーズ球団の彼に対するこれからの期待は大きい。

レンジャーズの球団社長で共同《きょうどう》オーナーは、メジャー・リーグの歴史《れきし》にのこる名投手、ノーラン・ライアンだ。彼は、ダルビッシュのことを、つぎのように話した。

「ダルビッシュ投手がほんとうに実力を発揮《はっき》して、活躍《かつやく》するのは来年からです。今年は、そのための経験《けいけん》をつむ、訓練《くんれん》の期間だととらえていますね。アメリカのボール、マウンド、ストライクゾーン、それから生活環境《せいかつかんきょう》などになれる期間です。

彼がメジャー・リーグで投げはじめてまだ期間は短いけれど、うまく適応《てきおう》できていると思っています。試合に登板《とうばん》して、回を重《かさ》ねるほど調子《ちょうし》はあがっていき、球速《きゅうそく》は落《お》ちません。とくにたくさんある変化球《へんかきゅう》を、自信《じしん》をもって投《な》げられるというのがすばらしいです。

ダルビッシュは、メジャー・リーグでも剛速球《ごうそっきゅう》投手として打者を圧倒《あっとう》できる力があると思いますよ。レンジャーズの先発投手陣《せんぱつとうしゅじん》を背負《せお》うエースに、きっとなれます」

ダルビッシュ有《ゆう》は、日本人選手のだれもがあこがれる頂点《ちょうてん》、世界一の投手をめざしている。その長いはてしない戦《たたか》いは、いまはじまったばかりだ。

大記録《だいきろく》をうちたてるイチロー

メジャー・リーグで一シーズンの最多安打数《さいたあんだすう》は、ジョージ・シスラー選手《せんしゅ》が打った二五七本だ。記録《きろく》がつくられたのは一九二〇年だから、ずいぶん昔《むかし》のことになる。それ以来、シスラーの記録を破《やぶ》る選手はだれもいなかった。

ところが二〇〇四年のシーズンが終わりに近づいた時、日本とアメリカの野球《やきゅう》ファンがさわぎだした。イチロー選手が打ったヒットの数がどんどんふえてきて、シスラーの記録を破る可能性《かのうせい》がでてきたからだった。

二〇〇四年のシーズン、イチローは四月に二六本の安打でスタートした。しかし五月には、五〇本の安打数を記録した。六月は二九本で多くなかった。けれど七月には五一本の安打を放《はな》ち、シーズン二度目の月間五〇本安打を記録した。ここまで四か月で、イチローの安打数は一五六本となった。

どうしてイチローの安打がふえてきたのか。ふえた理由《りゆう》のひとつは、苦手投手《にがてとうしゅ》の攻略《こうりゃく》に成功《せいこう》したからだった。

写真：Thomas Anderson/ アフロ

2011 年5月 10 日、オリオールズ戦《せん》で打席《だせき》に立つイチロー選手。
この日は5打数《だすう》2安打《あんだ》だった。

イチローは、アスレティックスのハドソン投手《とうしゅ》を苦手《にがて》にしていた。二〇〇一年四月、イチローがメジャーにデビューした時、ハドソン投手の「ムービング・ファーストボール」を打つことができなかった。一五〇キロのスピードのボールが、バッターの近くにきて鋭《するど》く変化《へんか》するのだ。とても打ちにくい。

そのため二〇〇一年は、ハドソン投手のボールを二割《わり》ちょっとしかヒットにできなかった。けれどイチローは研究《けんきゅう》をつづけ、ムービング・ファーストボールを打つことができるようになった。三年後の二〇〇四年には、ハドソン投手から四割もヒットを打てるようになった。

安打《あんだ》がふえたもうひとつの理由《りゆう》は、ゴロをころがし、脚《あし》を生かす打法《だほう》に徹《てっ》したことだ。ゴロをころがせば、脚の速《はや》いイチロー選手《せんしゅ》なら安打になる確率《かくりつ》は高い。二〇〇一年に大リーグ入りした時は、脚を生かした内野《ないや》安打は多かった。そのころの打法にもどったのだ。

八月、イチローは五六本のヒットを放《はな》った。月間最高安打数である。八月二十六日のロイヤルズ戦《せん》では、四年連続《れんぞく》で二〇〇本安打を達成《たっせい》した。そのころから、もしかするとイチローがシスラーの記録を破るのではないか、とファンがさわぎだしたのだ。

ジョージ・シスラーは、一九一五年にア・リーグのセントルイス・ブラウンズ（のちのボルティモア・オリオールズ）に入団した。シーズン二五七安打は、五年後の一九二〇年に記録している。

投手《とうしゅ》として入団したが、のちに大打者《だいだしゃ》となったジョージ・シスラー。

シアトル・マリナーズの本拠地《ほんきょち》、セーフコ・フィールド。
外野《がいや》がとても広いので、強肩《きょうけん》の外野手《がいやしゅ》がもとめられる。

シスラーは、打率《だりつ》四割《わり》以上《いじょう》を二回も記録《きろく》した。通算《つうさん》打率は三割四分もある。安打製造機《あんだせいぞうき》と呼《よ》ばれていた。しかしおなじころプレーしていたベーブ・ルースが、あまりにも有名《ゆうめい》だった。そのかげに隠《かく》れて、シスラーの名前はあまり知られていなかったのだ。

ファンがさわいでも、イチローはプレッシャーに負《ま》けなかった。八月二十六日から九月九日までは、一四試合《しあい》の連続安打《れんぞくあんだ》を放《はな》った。九月二十一日のエンゼルス戦《せん》では、シーズン四度目となる一試合五安打を記録した。つぎの日には四安打を打った。九月が終わって、安打数は二五六安打となった。そして、イチローはマリナーズの本拠地《ほんきょち》、シアトルのセーフコ・フィールドにもどってきた。

大記録達成《たっせい》の日が近づいた。

二〇〇四年十月一日。アメリカや日本の多くの野球《やきゅう》ファンが、イチローを見つめていた。相手《あいて》チームは、レンジャーズである。

一回裏《うら》の第一打席《だせき》に、イチローはレフト前のヒットを放《はな》った。三回の第二打席は、二遊間《ゆうかん》をぬくヒットを打った。シーズン、二五八本目のヒットだった。ついに一九二〇年にシスラーがつくった、シーズン最多安打二五七本を破ったのだ。

一塁《るい》ベースに立ったイチロー選手《せんしゅ》のところに、仲間《なかま》の選手たちがダッグアウトから飛びだしてきて祝福《しゅくふく》した。

イチローは、一塁側《るいがわ》の観客席《かんきゃくせき》、最前列《さいぜんれつ》で見守《みまも》っていたシスラー選手の娘《むすめ》と孫《まご》のもとにかけよった。そしてこうあいさつをした。

「シアトルに来ていただいて、ありがとうございます」

シスラーの孫が答えた。

「祖父《そふ》はあなたのことを、とても誇《ほこ》りに思っているでしょう」

大記録達成《だいきろくたっせい》をほめたたえる観客の大歓声《だいかんせい》は、数分間もつづいた。

一塁ベースにもどったイチローは、ちょっとてれながらヘルメットをとって観客にあいさつをした。

十月二日、三日のレンジャーズ戦《せん》で、イチローは三本の安打《あんだ》を追加《ついか》した。そしてシーズン二六二安打の新記録《しんきろく》を打ち立てたのだった。

イチローの活躍《かつやく》は、アメリカ人の野球の見方《みかた》を変えたといわれる。それまでは、豪快《ごうかい》なホームランが外野《がいや》スタンドに飛びこむと、ファンは大喜びした。けれどイチローの打撃《だげき》や守備《しゅび》によって、もっと違《ちが》う野球の楽しみ方があることを知ったのだった。

二〇〇四年にシーズン二五七本安打という記録を破《やぶ》ったイチローは、二〇〇九年にも昔《むかし》つくられた大記録を破った。それは、ウィリー・キラー選手（オリオールズ）が一〇〇年以上前につくった、八年連続《れんぞく》二〇〇本安打という記録だった。

二〇〇一年にマリナーズに入団したイチローは、そのシーズンに二四二本の安打を放《はな》った。その年から毎年二〇〇本以上の安打を打ちつづけ、二〇〇九年の九月十三日、レンジャーズ戦で二〇〇本目の安打を打った。「九年連続二〇〇本安打」を達成《たっせい》し、キラーの記録を塗《ぬ》りかえたのだった。

つぎの年二〇一〇年には二一四本の安打を放ち、記録をさらにのばして「一〇年連続二〇〇本安打」とした。イチローのこの記録は、超人《ちょうじん》の記録である。すぐれた強打者《きょうだしゃ》でも、かんたんに破ることはできない。はたして、この記録を超《こ》える人がでてくるのだろうか。

イチローは、シアトル・マリナーズの選手として、入団《にゅうだん》からずっと活躍《かつやく》してきた。ところが、二〇一二年の七月二十三日、突然《とつぜん》ニューヨーク・ヤンキースへの移籍《いせき》を発表《はっぴょう》したのだ。

その日、試合前《しあいまえ》に移籍が発表された。そして数時間の後《のち》には、セーフコ・フィールドで、敵《てき》チームの一員《いちいん》として、イチロー選手は試合に出場《しゅつじょう》したのだ。試合の前におこなわれた会見《かいけん》で、イチローはこう話した。

「二〇代前半の選手が多いこのチーム（マリナーズ）の未来《みらい》に、来年《らいねん》以降、ぼくがいるべきではないのではないか、ということでした。そしてぼく自身も、環境《かんきょう》を変えて刺激《しげき》をもとめたい、という思いが強くめばえてきたのです」

前半戦《ぜんはんせん》が終わりオールスター戦休みの間に、イチローなりに考えて移籍を決断《けつだん》したのだった。

ワールドシリーズで二七度優勝《ゆうしょう》しているヤンキースで、世界一をめざすイチローの新たな挑戦《ちょうせん》がはじまった。背番号《せばんごう》五一番《ばん》に別《わか》れをつげ、三一番となった。

　ピンストライプのユニフォームを着《き》たイチローは、新しいチームで躍動《やくどう》している。二〇一二年のシーズン、ヤンキースで六七試合《しあい》に出場《しゅつじょう》したが、七三本の安打《あんだ》をはなった。三割《わり》二分《ぶ》二厘《りん》のすばらしい成績《せいせき》だった。そしてヤンキースがアメリカン・リーグの地区《ちく》シリーズに進出《しんしゅつ》するのに、大きな役《やく》

ディヴィジョンシリーズ。オリオールズ戦《せん》で勝利《しょうり》し、
チームメイトと喜びあうイチロー選手《せんしゅ》。

割《わり》をはたした。

イチローがこれからどんな活躍《かつやく》をするか。目がはなせない。

いま、ダルビッシュ選手やイチロー選手など一四人の日本人選手が、メジャー・リーグでプレーしている。中にはマイナー契約《けいやく》の選手《せんしゅ》もいる。

メジャー・リーグって、どんな野球《やきゅう》をするところだろう。いつ、どのようにしてはじまったのか、そしてどんな選手が活躍してきたのだろう。これから、メジャー・リーグのページを開いていこう。

2 アメリカ野球《やきゅう》はこうしてはじまった

野球《やきゅう》は、一塁《るい》、二塁、三塁、本塁と、四つの塁（ベース）がある。そしてボールを使《つか》ってやるスポーツなので、「ベースボール」と名づけられた。

野球は、中世《ちゅうせい》、北フランスの農民《のうみん》がやっていたゲーム「スール」または「シュール」がそのはじまりだといわれている。農民たちは、つめものをした丸《まる》いボールを棒《ぼう》で打《う》ったり、足でけったりして、集団《しゅうだん》で競技《きょうぎ》をしていた。農民たちは、農作業《のうさぎょう》がひまな時期《じき》や、キリスト教《きょう》の祝祭日《しゅくさいじつ》にこのゲームを楽しんだのだ。

フットボール（サッカー）、ホッケー、ゴルフなどのスポーツも、ここからはじまったと考えられる。一四世紀《せいき》のイングランドにも、おなじような「スツールボール」という遊《あそ》びがあった。

一八世紀のイングランドでは、「ラウンダーズ」という遊《あそ》びがおこなわれていた。ラウンダーとは、四つのポスト（地面に立てた棒《ぼう》）を一周《しゅう》することをいう。二つのチームが、ボールと棒（バット）を使《つか》ってやる遊びだ。いまの野球の四つのベースと似《に》たような位置《いち》にポストを立てる。そして、棒でボールをはじき飛ばし、ポストを一周することを競《きそ》ったのだ。

一八三九年に、アメリカのボストンで出版《しゅっぱん》された子どもの遊びについて書かれた本には、ラウンダーズの解説《かいせつ》が載《の》っている。そこには、「ベースボール」という名前が書いてあるのだ。

一八四二年ごろニューヨークで、健康《けんこう》とつき合いのために、ベースボールをやろうという人たちがいた。三年後の一八四五年、商店主《しょうてんしゅ》、銀行員《ぎんこういん》、保安官《ほあんかん》、株《かぶ》をあつかう人などがあつまって、〈ニッカーボッカークラブ〉が生まれた。けれどそのころのベースボールは、きちんとしたルールがなかった。クラブのメンバーだったアレキサンダー・カートライトは、そのルールを考えることにした。

彼《かれ》は、こんなルールを考えついた。

・本塁《ほんるい》から二塁、一塁から三塁までの距離《きょり》は、それぞれ四二歩《ほ》（一二六フィート。約三八・四メートル）で、等距離《とうきょり》にする。
・投手《とうしゅ》はアンダーハンドでボールを投《な》げる。
・三回空振《からぶ》りして、さいごの球《たま》を捕《と》えたらアウトになる。
・三つのアウトで一回の攻撃《こうげき》は終わりになる。
・ファウルの時は、進塁《しんるい》も、得点《とくてん》もできない。

ベースボールの新しいルールを考えたアレキサンダー・カートライト。

・フィールドの外と、一塁・三塁の線の外への打球《だきゅう》はファウルとする。
・走者《そうしゃ》の体にボールをつける（タッチする）とアウトにできる。
・先に二一点《てん》とったチームが勝《か》ちとする。

それまでのルールでは、ピッチャーが打つのにいいボールを投《な》げてくるまで、何《なん》球《きゅう》でも待《ま》つことができた。また、走者にボールをぶつけるとアウトになった。

カートライトは、そうした部分《ぶぶん》を変えた。また四つの塁（ベース）を、正方形《せいほうけい》の内野《ないや》のすみっこにおくことにした。それから、走者の体にボールをつけるとアウトになるやり方も採用《さいよう》した。その他の点でも、カートライトがつくった新しいルールは、現代《げんだい》の野球《やきゅう》のルールとおなじようなものになった。

一八四六年六月十九日、新しいルールのもと、ニュージャージー州でさいしょの試合《しあい》がおこなわれた。ニッカーボッカークラブ対《たい》ニューヨーククラブの試合である。この試合は、四回、二三対一でニューヨーククラブの勝《か》ちとなった。カートライトはこの試合の審判《しんぱん》をつとめた。

これをきっかけに、ニューヨークで野球《やきゅう》がさかんにおこなわれるようになった。医師《いし》のチーム、弁護士《べんごし》のチーム、教師《きょうし》のチーム、トラック運転手《うんてんしゅ》のチームといったように、たくさんのチームができて、試合《しあい》がおこなわれた。

カートライトたちは、先に考え出したルールをさらに改良《かいりょう》していった。たとえば、どちらかが二一点とると試合を終了《しゅうりょう》するとなっていたのを、九回で試合は終了することに変えた。また、一チームは九人で構成《こうせい》することにし、ベースとベースの距離《きょり》は九〇フィート（約二七・四メートル）にした。

アメリカ野球は、カートライトたちが考えたルールをもとに発展《はってん》していったのである。こうしてアメリカでは、野球を楽しむ人がどんどんふえていった。

一八六一年には南北戦争《なんぼくせんそう》がはじまったが、兵士《へいし》たちは戦《たたか》いの合間《あいま》にも野球をやった。戦争が終わると、野球は人びとの間にひろがり、アメリカ国民《こくみん》の大きな娯楽《ごらく》となっていった。

一八六九年、南北戦争が終わって四年目のこと。ニッカーボッカークラブのメンバーだったハリー・ライトは、若《わか》い選手《せんしゅ》を集めてプロの野球チームをつくった。〈シンシナティ・レッドストッキングス〉である。

このチームは、アメリカ各地《かくち》をまわって試合をおこなっていった。とても強いチームで、なんと一三〇連勝《れんしょう》もした。敗《やぶ》れた相手《あいて》チームは、ブルックリン・アトランティクスだった。シンシナティ・レッドストッキングスの大活躍《だいかつやく》に刺激《しげき》されて、いくつもプロの野球チームができた。

一八七六年には、シカゴの実業家《じつぎょうか》ハルバートや野球選手のスポルディングらによって、〈ナショナル・リーグ〉が設立《せつりつ》された。このリーグには、八都市《とし》の球団《きゅうだん》が加盟《かめい》していた。

ナショナル・リーグは、野球のルールを見直《みなお》したり、フランチャイズ制《せい》（大都市《だいとし》に球団《きゅうだん》の本拠地《ほんきょち》をおくこと）をしいたりした。賭博師《とばくし》とはきっぱり絶縁《ぜつえん》した。そうした努力《どりょく》は受けいれられ、大リーグとしてどんどん人気《にんき》が出て発展《はってん》していった。

一九〇〇年には、バン・ジョンソンが〈アメリカン・リーグ〉を設立《せつりつ》した。安《やす》い入場料《にゅうじょうりょう》、フェアプレーで、ナショナル・リーグに対抗《たいこう》しようとしたのだ。しかし一九〇三年になって、二つのリーグは協調《きょうちょう》するようになった。二リーグ制となり、両リーグは力を合わせ発展《はってん》していった。

一九〇三年、それぞれのリーグで優勝《ゆうしょう》したチームによるワールドシリーズがはじまった。第一回のワールドシリーズは、ピッツバーグ・パイレーツ（ナ・リーグ）と、ボストン・ピルグリムズ（後のレッドソックス、ア・リーグ）の対戦《たいせん》となった。その結《けっ》果《か》、ピルグリムズがはじめてのワールドチャンピオンとなった。

初期《しょき》の時代には、通算《つうさん》五一一勝《しょう》したサイ・ヤング投手《とうしゅ》や、四一七勝のウォルター・ジョンソン投手が登場《とうじょう》した。野球は人気を呼《よ》んで、国民《こくみん》の娯楽《ごらく》となっていった。その後、「ブラックソックス事件《じけん》」とよばれる八百長事件《やおちょうじけん》がおこって、メジャー・リーグは社会的《しゃかいてき》な信用《しんよう》をなくしかけた。けれど、コミッショナー（代表《だいひょう》）のきびしい裁《さい》定《てい》や、ベーブ・ルースのはなばなしい活躍《かつやく》などがあって、離《はな》れかけたファンを引《ひ》きもどすことができた。

一九二〇年、レッドソックスからヤンキースに移籍《いせき》したベーブ・ルースは、シーズンで五四ホームランを打《う》った。それまで野球を知らなかった人も、ルースのホームランを見ようと球場《きゅうじょう》にやってきた。こうしてメジャー・リーグは、はなやかな黄《おう》金時代《ごんじだい》をむかえたのだ。

はじめのころ、人びとを引きつけた選手《せんしゅ》には、タイ・カッブ（タイガース）、ベーブ・ルースとルー・ゲーリッグ（どちらもヤンキース）などがいる。

二〇一三年現在《げんざい》のメジャー・リーグは、アメリカン・リーグ一五チーム、ナショナル・リーグ一五チームの三〇チームで構成《こうせい》されている。（見返し参照）

3 メジャー・リーグのしくみ

ワールドシリーズ優勝《ゆうしょう》まで

四月のはじめ、メジャー・リーグのレギュラーシーズンがはじまる。メジャーの選手《せんしゅ》たちに休《やす》みはない。四月はじめから九月さいごの週《しゅう》か、十月の第一週までの二六週間。この期間《きかん》に、各球団《かくきゅうだん》は一六二試合《しあい》をこなす。

各球団はおなじように試合をこなしていき、おなじ日に全部の日程《にってい》を終わらせる。そのため、雨で中止《ちゅうし》になった試合は、ゲームがない日にやったり、ダブルヘッダーをやったりして消化《しょうか》する。一〇連戦《れんせん》はあたり前で、二〇連戦を戦《たたか》うこともある。

メジャー・リーグの試合は、原則《げんそく》として引《ひ》き分《わ》けはない。勝《か》ち負《ま》けの決着《けっちゃく》がつくまで、試合をやる。原則として回数も、時間も無制限《むせいげん》で試合を続けるのだ。

五月から六月にかけて、インターリーグがおこなわれる。これは、ヤンキース対《たい》メッツなど、異《こと》なるリーグ、ア・リーグとナ・リーグのチームの交流戦《こうりゅうせん》だ。

メジャー・リーグの各球団は、年間一六二試合のうち半分の八一試合を、ホームの球場《きゅうじょう》ではなくロードで戦《たたか》う。アメリカは、日本の面積《めんせき》より二五倍も広いところだ。ドジャースのロサンゼルスから、ヤンキースのニューヨークまで飛行機《ひこうき》で六時間もかかる。その上、太平洋岸《たいへいようがん》と大西洋岸《たいせいようがん》では、三時間の時差《じさ》がある。

メジャー・リーグには移動日《いどうび》はないから、試合が終わるとすぐにつぎの遠征地《えんせいち》に出発しなければならない。そして、一〇連戦、一五連戦とつづく。だから選手たちは、このきびしいスケジュールに耐《た》えられる強い体力が必要《ひつよう》となってくる。

シーズン中の最大の行事《ぎょうじ》は、「オールスター・ゲーム」だ。毎年、七月上旬《じょうじゅん》に、ファン投票《とうひょう》で選《えら》ばれた両リーグのスター選手が集《あつ》まってゲームをおこなう。ただし、一ゲームだけだ。日本のように、二ゲーム、三ゲームはやらない。

このオールスター・ゲームは、ひとりの少年が新聞社《しんぶんしゃ》に出した一通《つう》の投書《とうしょ》からはじまった。一九三三年に、シカゴで万国博覧会《ばんこくはくらんかい》が開かれた。その時、「シカゴ・トリビューン」紙《し》のウォード運動部長《うんどうぶちょう》は、博覧会《はくらんかい》の記念行事《きねんぎょうじ》で悩《なや》んでいた。そんなところへ、一通の手紙が舞いこんだ。野球《やきゅう》ファンの少年が「ア・リーグの強打者《きょうだしゃ》ベーブ・ルースと、ナ・リーグの左腕《さわん》カール・ハッベルの対決《たいけつ》を見たい」と書いてきたのだ。ふたりが所属《しょぞく》するチームは、別《べつ》のリーグである。だから、ワールドシリーズへ勝《か》ち抜《ぬ》いてのこらないと、その対決は見ることができない。

ウォードは、少年の手紙を読んでいてひらめいた。シーズンのまん中あたりで、両リーグのスターが戦《たたか》う夢《ゆめ》のゲームをやったらどうだろう。ウォードはこのアイデアを提《てい》案《あん》した。その年の七月六日、地元《じもと》のコミスキーパークではじめてのオールスターゲームがおこなわれた。

オールスターゲームが終了《しゅうりょう》した後、この試《し》合《あい》を企画《きかく》したウォードを記念《きねん》して、最優秀選《さいゆうしゅうせん》手《しゅ》に「アーチ・ウォード　トロフィー」が授《じゅ》

2011 年度のオールスターゲーム開催《かいさい》を知らせる旗《はた》。

与《よ》される。

さて一六二試合のゲームが終了すると、プレーオフの開幕《かいまく》だ。まずリーグごと五試合制の「ディビジョン・シリーズ」がおこなわれる。

ディビジョン・シリーズに出場《しゅつじょう》できるのは、各地区《かくちく》の優勝《ゆうしょう》チームの三チームと、ワイルドカードチームの二チームだ。「ワイルドカードチーム」とは、優勝したチームをのぞいて、リーグ全体でもっとも勝率《しょうりつ》がよいチームのことだ。二〇一二年から一チームふえた。この五チームで戦《たたか》う。準決勝《じゅんけっしょう》にあたるものだ。

三地区の優勝チームの中でもっとも勝率のいいチームとワイルドカードチームが戦い、これを勝《か》ちぬいた二チームが、七試合を戦う。それを「リーグ・チャンピオンシップ・シリーズ」と呼《よ》ぶ。これで、両リーグのそれぞれのチャンピオンが決《き》まるわけだ。

さいごに、ふたつのリーグのチャンピオン同士《どうし》が戦う。「ワールドシリーズ」である。これも七試合を戦い、四戦先に勝った者が優勝となる。

ワールドシリーズが終わると、シーズンオフだ。日本人選手《にほんじんせんしゅ》など、アメリカ国籍《こくせき》をもたない外国人選手《せんしゅ》は、この時期《じき》に国に帰る。

スプリングキャンプがおこなわれるのは、年が変わった二月ごろだ。三月になるとオープン戦《せん》がはじまり、新しいシーズンにむかう。

マイナーの選手《せんしゅ》は四五〇〇人

メジャー・リーグには、日本のプロ野球《やきゅう》とちがうところがいくつかある。そのひとつは、選手層《せんしゅそう》の厚《あつ》さだろう。

日本のプロ野球チームには、一軍《ぐん》と二軍しかない。けれどアメリカでは、メジャー・リーグの下に、多くのリーグがあり、たくさんの選手がいる。

マイナー・リーグは、3A（トリプルエイ）、2A（ダブルエイ）、1A（シングルエイ）、ルーキー・リーグ、と四つの段階《だんかい》にわかれている。

メジャーが一軍なら、3Aは二軍、2Aは三軍ということになる。さらに1Aといっても、レベルでふたつにわかれている。さらに、ショートシーズンAという、

メジャー・リーグのしくみ

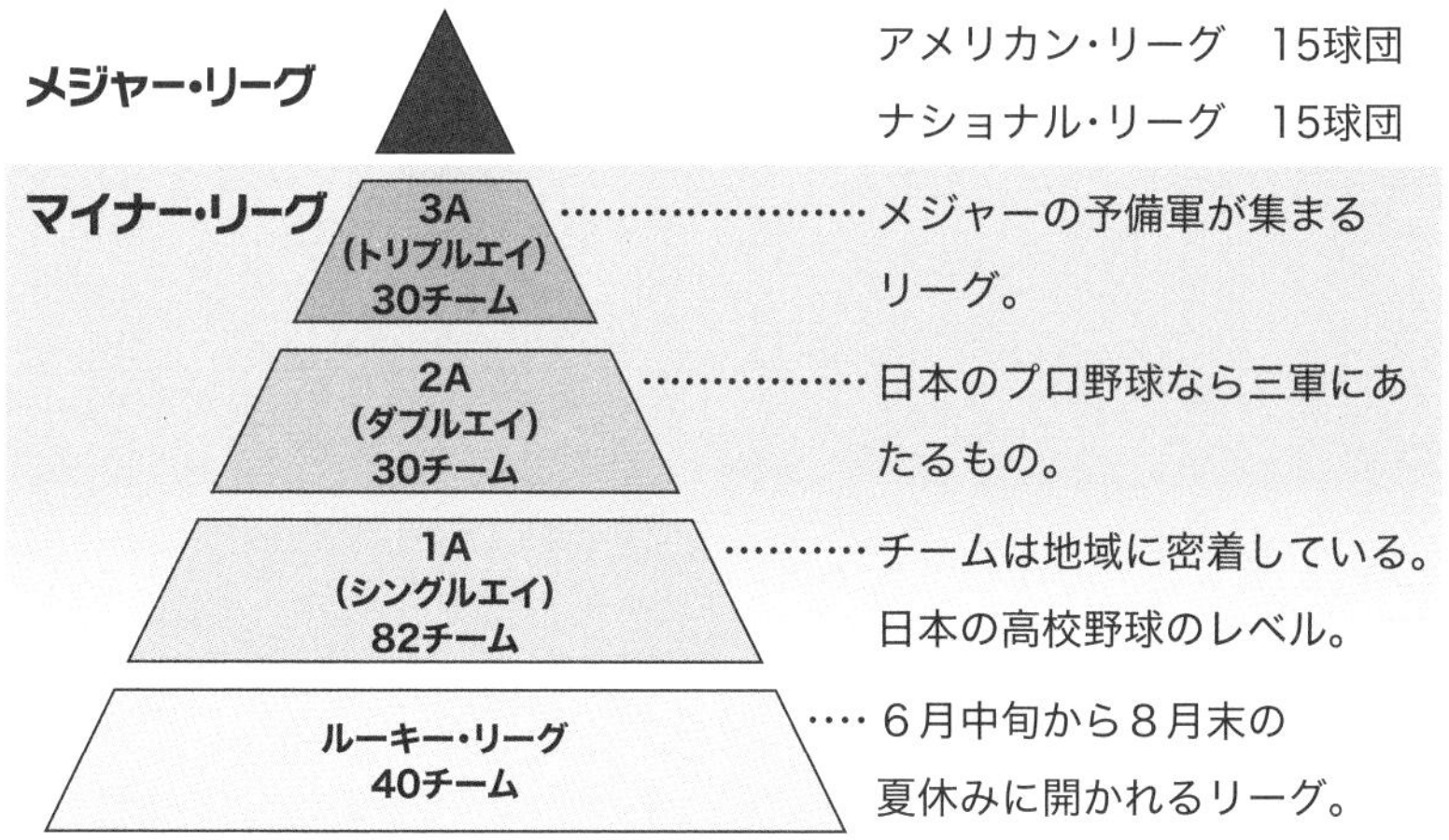

短期《たんき》のリーグもある。ルーキー・リーグは、上級《じょうきゅう》と下級《かきゅう》にわかれているので、メジャーからルーキー・リーグの下級まで、八軍もあることになる。

1Aは七リーグで八二チーム、ルーキー・リーグは四リーグで四〇チームだ。チーム数にするとおよそ一八〇チームとなり、一チーム二五人とすると、マイナー・リーグには四五〇〇人の選手がいることになるのだ。

メジャー・リーグの選手の中で、シーズンのとちゅうで3Aや2Aに落《お》ちる選手は、およそ七〇～八〇人いる。四五〇〇人のマイナー・リーグの選手たちが、毎日、メジャーのわずかな椅子《いす》をめざして、懸命《けんめい》に投《な》げたり打《う》ったりして競争《きょうそう》をしているのである。

これだけマイナー・リーグの選手《せんしゅ》がいるということは、アメリカではだれでも野球選手になれるということでもある。けれどそこからはいあがり、メジャー・リーグの選手になってプレーするのは、とてもむずかしいことなのだ。

メジャーの選手とマイナーの選手とは、その待遇《たいぐう》で大きな差《さ》がある。「年俸《ねんぽう》」に差があるだろうというのは、だれでも想像《そうぞう》できる。そのほかにもちがいはある。待遇の差がはっきりしているのは、試合のための移動《いどう》のしかただ。

メジャーの選手の場合、三連戦《れんせん》のさいごの試合《しあい》が終わると、シャワーをあびる。そして服《ふく》を着《き》がえて、球場《きゅうじょう》に待《ま》たせてあった大型《おおがた》バスに乗って空港《くうこう》に行く。空港には、チーム専用《せんよう》のチャーター機が待《ま》っているので、それに乗ってつぎの目的地《もくてきち》に移動する。飛行機《ひこうき》では、ファーストクラスの席《せき》でゆったりくつろぐことができるのだ。空港では、自分で搭乗券《とうじょうけん》の手続《てつづ》きをしたり、手荷物検査《てにもつけんさ》をする必要はない。目的地につくと、その地のいちばんりっぱなホテルに宿泊《しゅくはく》する。

しかしマイナー選手の移動の場合、3Aの選手なら目的地までは飛行機だが、チャーター機ではない。空港で搭乗手続きをしたり、手荷物を預《あず》けたりしなければならない。席はエコノミークラスだ。

2Aの選手なら、自分の荷物を持って、どんなに遠い場所でもバス移動になる。アメリカは広いので、バスで一〇時間以上の移動はあたりまえだ。目的地で宿泊するのはモーテルで、食事もハンバーガーを食べることが多いようだ。メジャーとマイナーでは、その待遇に天《てん》と地《ち》の差があるのだ。

FA《エフエー》制度《せいど》とドラフト制度

メジャー・リーグに、FA（フリー・エージェント）制度《せいど》ができたのは、一九七六年のことだ。

メジャーで六年間（一〇三一日間）登録《とうろく》された選手は、FA権《エフエーけん》を取得《しゅとく》できるという制度である。FA権がある選手は、ほかのチームへの移籍《いせき》が自由《じゆう》にできるようになる。この制度によって、いい成績《せいせき》をあげた選手は、より高い年俸《ねんぽう》のチームを選んで移籍交渉《いせきこうしょう》ができる。そのため、メジャー・リーグの選手《せんしゅ》の年俸《ねんぼう》はどんどん高いものになっていった。

いま活躍《かつやく》しているメジャー・リーガーは、どれくらい年俸をもらっているのだろうか。有名《ゆうめい》な選手たちの二〇一二年の年俸を調べてみよう。

まずヤンキースの三塁手《るいしゅ》、アレックス・ロドリゲス選手は年俸三千万ドルだ。一ドル約《やく》八〇円で計算《けいさん》すると、年二四億円《おくえん》もらっていることになる。エンゼルスのバーノン・ウェルズ選手は約二千四一八万ドルで、年俸一九億三千四四〇万円となる。メッツのヨハン・サンタナ投手《とうしゅ》は約二千三一四万ドルなので、年俸一八億五千一二〇万円だ。ヤンキースの一塁手、マーク・テシェイラ選手が約二千三一二万ドルで一八億四千九六〇万円、タイガースのプリンス・フィルダー一塁手、ツインズのジョー・マウアー捕手《ほしゅ》、ヤンキースのCC・サバシア投手《とうしゅ》は、三人とも二千三百万ドルで一八億四千万円となる。

なんと高い給料《きゅうりょう》をもらっているのだろう。おどろいてしまう。

メジャー・リーグのFA《エフエー》制度《せいど》を参考《さんこう》にして、日本にもFA制度がつくられた。日本の制度は、一軍《ぐん》の登録《とうろく》が一三五〇日（九年）間必要《ひつよう》になる。

メジャー・リーグでは、毎年十二月に「ウィンターミーティング」がおこなわれる。全チームのGM《ジーエム》（ゼネラル・マネージャー）や代理人《だいりにん》が参加《さんか》して、FAやトレードについての情報《じょうほう》を交換《こうかん》したり、選手の移籍を交渉する。選手の移籍を交渉するのなら二球団《きゅうだん》で話し合えばすむのだが、全球団が集まったところなら一度にすんでしまう。それで、こうしたミーティングが十二月に開かれることになった。

ところでGMという肩書《かたがき》の人は、日本のプロ野球《やきゅう》ではまだ少ない。GMは、球団《きゅうだん》の運営《うんえい》からチームを強《つよ》くすることまで、ぜんぶまかされている。監督《かんとく》を決めることから、選手との契約《けいやく》、新しい戦力《せんりょく》を補強《ほきょう》することまで、すべてをおこなう。メジャー・リーグにおいて、球団の組織《そしき》でもっともだいじな役割《やくわり》をになっている。GMが考えたとおりに、チームをつくっていくのだ。だから、強くなって勝《か》っている時はいいけれど、チームが不振《ふしん》になった時は、GMがまっさきにその責任《せきにん》を問《と》われる。

アマチュア選手との交渉権《こうしょうけん》を全球団の会議《かいぎ》で決める「ドラフト」は、毎年六月におこなわれる。アメリカの高校や大学の卒業《そつぎょう》は、秋だからだ。

指名《しめい》する順番《じゅんばん》は、前年優勝《ゆうしょう》しなかったリーグの最下位《さいかい》チームからおこなっていく。このやり方は「ウェーバー方式《ほうしき》」といい、各球団《かくきゅうだん》の力が均等《きんとう》になるようにとの考えから、はじめられたものだ。ウェーバー方式は、お金がない弱小《じゃくしょう》チームにとってはありがたいものだ。資金力《しきんりょく》が豊富《ほうふ》なチームしか勝てない状況《じょうきょう》にならないように、しようというものだ。

チームが指名する選手の数は、一チーム五〇人。そのうち、契約《けいやく》するのは三分の一から三分の二くらいで、全球団で五〇〇人が新人選手《しんじんせんしゅ》としてスタートする。

こうしてはいってきた新人選手は、さいしょルーキー・リーグに配属《はいぞく》される。そこで力を発揮《はっき》すると、1Aリーグに昇格《しょうかく》し、2Aに上がっていく。メジャー入りするまでには、きびしい競争に打《う》ち勝《か》っていかなければならないのだ。

4 メジャーで活躍《かつやく》した名投手《めいとうしゅ》

大竜巻《おおたつまき》とおそれられた完全試合投手《かんぜんじあいとうしゅ》
サイ・ヤング　Cy Young

本名《ほんみょう》は、デントン・トゥルー・ヤングという。

サイ・ヤングは、一八九〇年にクリーブランド・スパイダースに入団《にゅうだん》した。まだメジャー・リーグがはじまったばかりのころである。たくましくてよく働く農民《のうみん》の顔つきをしていたので、チームのなかまたちが彼《かれ》のことを「サイ」と呼《よ》ぶようになった。そのころの農民には、「サイラス」という名前が多かったためだ。

また、右腕投手《うわんとうしゅ》だった彼《かれ》の速球《そっきゅう》と切《き》れの鋭《するど》いカーブは、まるで「サイクロン（大《おお》竜巻《たつまき》）」のように威力《いりょく》があった。それで、「サイ」の名前になったともいわれている。

ボストン・ピリグリムスで活躍《かつやく》した大投手《だいとうしゅ》、サイ・ヤング。

メジャー二二年間で、通算《つうさん》五一一勝《しょう》した。これは通算勝利数で歴代《れきだい》一位《い》だ。二〇勝以上が一五回、三〇勝以上が五回、というすごい成績《せいせき》をのこしている。通算勝利数の二位は、四一七勝のウォルター・ジョンソン。九四勝もちがうのだから、サイ・ヤングの記録《きろく》がいかに偉大《いだい》なものかがわかる。

二二年間で七三五六イニングに登板《とうばん》し、七四九試合《しあい》に完投《かんとう》、二八〇三個《こ》の三振《さんしん》をうばっている。これもぬきんでた数字だ。

そして、サイ・ヤングの記録の中でひときわかがやいているのは、近代野球《きんだいやきゅう》でさいしょに完全試合《かんぜんじあい》を達成《たっせい》したことだろう。一九〇四年五月五日のことだ。ボストン・ピリグリムス（後のレッドソックス）のサイ・ヤングは、フィラデルフィア・アスレティックスを相手《あいて》に戦《たたか》った。そしてアスレティックスに、一本のヒットも一個《こ》のフォアボールも出さずに、三対《たい》〇のスコアで下《くだ》した。

一九〇八年八月十三日は、サイ・ヤングが四一歳《さい》になったことを祝《いわ》う「サイ・ヤング・デー」だった。ボストン・ピリグリムスの選手と、他チームから選《えら》ばれた選手が戦《たたか》う試合がおこなわれた。ボストンの球場《きゅうじょう》には三万人のファンが押《お》しかけ、一万人は球場にはいれなくて帰ったという。

一九五六年、サイ・ヤングがのこした偉大な功績《こうせき》をたたえて、「サイ・ヤング賞《しょう》」がもうけられた。この賞は、その年メジャーでもっともすぐれた投手《とうしゅ》にあたえられる。

■右投げ右打ち　■試合数《しあいすう》＝九〇六試合　■投球回数《とうきゅうかいすう》＝七三五六回

■勝敗《しょうはい》＝五一一勝《しょう》三一六敗《はい》　■防御率《ぼうぎょりつ》＝二・六三

■奪三振《だつさんしん》＝二八〇三　■セーブ＝一七

■完全試合＝一回　■ノーヒットノーラン＝三回

ギネスブックにのった速球王《そっきゅうおう》
ノーラン・ライアン　Nolan Ryan

メジャー・リーグでは二〇世紀《せいき》が終わろうとする一九九九年に、「二〇世紀のオールスターチーム」をファン投票《とうひょう》で選《えら》んだ。投手でいちばん多く投票数をあつめたのは、ノーラン・ライアンだった。

投手としてのいちばんの栄誉《えいよ》は「ノーヒッター」だ。一試合《しあい》を無安打《むあんだ》におさえることである。メジャーでは一度でもできればかがやかしい記録《きろく》だ。ライアンは二七年間で、なんと七回もノーヒッターを記録した。また九回まで無安打《むあんだ》で、九回になってはじめて安打を許《ゆる》した試合が五回もある。ライアンはほんとうにすごい投手だ。

現役時代《げんえきじだい》のニックネームは、「The《ザ》 Express《エクスプレス》（特急《とっきゅう》）」だった。

ライアンは、一九六六年に一九歳《さい》でニューヨーク・メッツの投手となった。ボールは速《はや》いが、コントロールのとても悪《わる》い投手だった。トレードでカリフォルニア・エンゼルスに出されてしまった。ライアンは、自分の長所《ちょうしょ》はつねに一四五キロ以上

27 年間で 5714 個《こ》の三振《さんしん》をうばった投手《とうしゅ》、ノーラン・ライアン。

を出す速球《そっきゅう》だと考えた。彼はさらに速球にみがきをかけ、それを武器《ぶき》にして打者《だしゃ》に立ちむかおうとした。

　ライアンの名前が知られるようになるのは、エンゼルスに移籍《いせき》したころからだ。移籍した年には一九勝《しょう》をあげ、三振《さんしん》は三二九個《こ》うばった。それから八年間で、年間三〇〇個以上の三振をうばったのが五回ある。四〇試合完封《かんぷう》、ノーヒットノーラン四回の記録を出した。

　一九七四年、科学者《かがくしゃ》四人が立ち会い、赤外線《せきがいせん》レーダーを使《つか》ってライアンの投球《とうきゅう》スピードを計測《けいそく》した。ボールは、時速《じそく》一〇〇・九マイル（約一六二キロ）を記録した。

このスピードは、ギネスブックにものった。

速球《そっきゅう》を投《な》げ通《とお》し、ライアンは一九九三年にレンジャーズで選手生活《せんしゅせいかつ》を終えた。メジャーの二七年間でうばった三振《さんしん》は、五七一四個《こ》となった。これは二位のランディー・ジョンソンの記録《きろく》を八〇〇個以上も上回る大記録だ。そのほか、通算《つうさん》三二四勝《しょう》、シーズン三八三奪三振《だつさんしん》など、たくさんの記録をうちたてた。ライアンが所属《しょぞく》していたエンゼルズでは彼《かれ》の背番号《せばんごう》三〇番を、アストロズ、レンジャーズでは、三四番を永久欠番《えいきゅうけつばん》にしている。

ライアンは、二〇〇八年にテキサス・レンジャーズの球団社長《きゅうだんしゃちょう》になった。二〇一〇年には前オーナーからレンジャーズ球団を買収《ばいしゅう》して、共同経営者《きょうどうけいえいしゃ》となっている。つまり、いまダルビッシュがいる球団の社長がライアンなのだ。

■右投《みぎな》げ右打《みぎう》ち　■試合数《しあいすう》＝八〇七試合　■投球回数《とうきゅうかいすう》＝五三八六回
■勝敗《しょうはい》＝三二四勝《しょう》二九二敗《はい》　■防御率《ぼうぎょりつ》＝三・一九
■奪三振《だつさんしん》＝五七一四　■一シーズン奪三振＝三八三
■ノーヒットノーラン＝七試合《しあい》

黄金《おうごん》の左腕《さわん》になった荒《あ》れ球投手《だまとうしゅ》
サンディー・コーファックス　Sandy Koufax

一九五五年、ブルックリン・ドジャースでデビューしたサンディー・コーファックスは、一二年間ドジャースで投げつづけた。もうひとりの投手《とうしゅ》ドライスデールとふたりの活躍《かつやく》で、ドジャースを一九六三年と六五年の二度もワールドシリーズの優《ゆう》勝《しょう》へみちびいた。とくに一九六三年のワールドシリーズでは、先頭打者《せんとうだしゃ》から五人の連続三振《れんぞくさんしん》をうばい、一五奪《だつ》三振のシリーズ新記録《しんきろく》を達成《たっせい》した。

のちに「黄金《おうごん》の左腕《さわん》」と呼《よ》ばれるようになったが、さいしょはいい投手ではなかった。はじめの五年間は、球《たま》は速《はや》くてもコントロールが悪《わる》い不安定《ふあんてい》なピッチングの投手だった。一九六〇年までの六年間の成績《せいせき》は、三〇勝《しょう》四〇敗《はい》で負《ま》け数《かず》のほうが多かった。

「あの荒《あ》れ球《だま》では、とても安心《あんしん》して試合をまかせられないよ」

監督《かんとく》はこういって、信頼《しんらい》をおいていなかったのだ。

七年目のシーズンがはじまる前、春のキャンプ地、ベロビーチでのことだ。控《ひか》え

「黄金《おうごん》の左腕《さわん》」とよばれたサンディー・コーファックス。

捕手《ほしゅ》のノーム・シェリーが、コーファックスにこんなことをいった。

「サンディー、野球《やきゅう》はもっと楽しんでやったほうがいいよ。速《はや》いボールを投《な》げることばかり考えてないで、たまには肩《かた》の力をぬいて、カーブやチェンジアップを投げてみたらどうかな」

それまでのコーファックスは、速いストレートで打者《だしゃ》をねじふせることばかり頭にあった。変化球《へんかきゅう》を投げることなど、あまり考えていなかったのだ。シェリーにいわれて、ためしに力をおさえめにして投げてみた。速いストレートに、変化球も多く混《ま》ぜて投げた。すると、変化球はとても効果的《こうかてき》で、速球も前より生きるようになった。

一九六一年のそのシーズン、コーファックスは一八勝《しょう》し、うばった三振《さんしん》は二六九個《こ》だった。すばらしい結果《けっか》がのこせた。シェリーのひとことは、コーファックスの投球術《とうきゅうじゅつ》を大きく変えたのだった。

すばらしい成績《せいせき》がでた一九六一年から引退《いんたい》するまでの六年間、コーファックスは超人的《ちょうじんてき》な活躍《かつやく》をした。最多勝《さいたしょう》三回、最多奪三振《さいただつさんしん》四回、最優秀防御率《さいゆうしゅうぼうぎょりつ》五回を達成《たっせい》したのである。その六年間は、一二九勝《しょう》四七敗《はい》、一七一三奪三振のみごとな成績だった。

一九六五年には、シカゴ・カブスを相手《あいて》に完全試合《かんぜんじあい》もやってのけた。

一九六六年には、五年連続最優秀防御率投手となった。けれど、登板《とうばん》が多すぎたため左ひじを故障《こしょう》してしまった。六六年のシーズン終了時《しゅうりょうじ》には引退を表明《ひょうめい》した。ファンに惜《お》しまれながら選手生活を終えたのである。

■左投《ひだりな》げ右打《みぎう》ち　■試合数《しあいすう》＝三九七試合　■投球回数《とうきゅうかいすう》＝二三二四・一回
■勝敗《しょうはい》＝一六五勝《しょう》八七敗《はい》　■防御率《ぼうぎょりつ》＝二・七六
■奪三振《だつさんしん》＝二三九六　■セーブ＝九
■完全試合＝一回　■ノーヒットノーラン＝三回

5 メジャーで活躍《かつやく》した強打者《きょうだしゃ》

史上最高《しじょうさいこう》のホームランバッター
ベーブ・ルース（外野手《がいやしゅ》） Babe Ruth

メジャー・リーグの長い歴史《れきし》で、最高《さいこう》のバッターといわれるのがベーブ・ルースだ。

メジャー通算《つうさん》七一四ホームラン、シーズン六〇ホームランというルースの記録《きろく》は、バリー・ボンズ（通算七六二本・シーズン七三本）、ハンク・アーロン（通算七五五本）、マーク・マグワイア（シーズン七〇本）、サーミー・ソーサ（シーズン六六本）たちによって破《やぶ》られた。それでもルースの記録やその存在《そんざい》は、いまも大きくかがやいている。

ルースといえば、強打者《きょうだしゃ》、ホームランバッターというイメージだが、さいしょは

メジャー・リーグ最高の強打者《きょうだしゃ》、ベーブ・ルース。

ヤンキー・スタジアムにあるルースの永久欠番《えいきゅうけつばん》のプレート。

投手《とうしゅ》だった。セント・メリー工業学校《こうぎょうがっこう》からインターナショナル・リーグのオリオールズにはいった。そして一九一四年にボストン・レッドソックスに入団《にゅうだん》して、左腕投手《さわんとうしゅ》として選手生《せんしゅせい》活《かつ》をはじめた。ヤンキースに移《うつ》るまでの六年間にのこした投手成績《せいせき》は、八九勝《しょう》四六敗《ぱい》、四八三奪三振《だっさんしん》だった。

一九二〇年にヤンキースにトレードされて、外野手《がいやしゅ》三番打者《ばんだしゃ》となった。その前年、ルースは二九本のホームランを放《はな》った。ヤンキースは、彼《かれ》には打者としての大きな素質《そしつ》があると見抜《みぬ》いたのだ。トレードされた年、ヤンキースの期待通《きたいどお》りにルースは五四本のホームランを放った。シーズン五四本のホームランは、ファンをたいへん驚《おどろ》かせた。ルースの豪快《ごうかい》なホームランによって、それまでの安打ばかりだった野球の楽しみ方が変わったのだ。ファンはルースのホームランに熱狂《ねっきょう》し、野球にまったく関心《かんしん》がなかった人までが、彼のホームランを見たくて球場《きゅうじょう》にやってきた。

ルースが五四本のホームランを打《う》った年、ヤンキースの試合《しあい》にはメジャー・リーグ史上でもっとも多い一二八万九四二二人の観客《かんきゃく》がやってきた。ジャイアンツよりも、三五万人多い観客数だった。

そのころのヤンキースは、ジャイアンツの本拠地《ほんきょち》ポログラウンドを使《つか》っていた。ヤンキースの人気《にんき》が高まってくるので、ジャイアンツはポログラウンドから追《お》い出そうとした。ジャイアンツはいった。

「ヤンキースさん、そろそろ自分で球場《きゅうじょう》を建《た》てたらどうですか」

ヤンキースのオーナーは、ルースの人気《にんき》で得《え》た収入《しゅうにゅう》を元《もと》にして、ポログラウンドとは川をへだてたブロンクス地区《ちく》に球場を建てた。一九二三年のことである。それが旧《きゅう》ヤンキー・スタジアムで、そこは「ルースの建《た》てた家」と呼《よ》ばれた。

ヤンキー・スタジアムにかざられたルースをたたえる記念碑《きねんひ》。

その新球場《しんきゅうじょう》での開幕戦《かいまくせん》で、ルースは三回裏《かいうら》に記念《きねん》となる球場第一号のホームランを放《はな》っている。

ジョージ・ハーマン・ルースは、一八九五年にアメリカ東部《とうぶ》のボルティモアで生まれた。家は港町《みなとまち》にある酒場《さかば》で、両親は朝から夜遅《よるおそ》くまでいそがしく働いていた。両親は子どものめんどうを見ている余裕《よゆう》がなく、ルースは学校をさぼってばかりいた。そして七歳《さい》の時に、悪《わる》いことをして更生施設《こうせいしせつ》でもあるセント・メリー工業学校に入れられた。

セント・メリー工業学校のマシアス神父《しんぷ》は、いたずらや悪《わる》さばかりしているルースに、野球《やきゅう》を教えようと思った。神父は、ルースがボールを投《な》げたり打《う》ったりする才能《さいのう》を持っていると感じたのだ。神父の熱心《ねっしん》な指導《しどう》のもとで、ルースは野球が好きになり、どんどんうまくなっていった。神父がノックで遠《とお》くまでボールを飛ばすのを見て、自分も遠くまで打球《だきゅう》を飛ばしたいと思った。それで、どうしたら打球を遠くまで飛ばせるか、一生懸命研究《いっしょうけんめいけんきゅう》したのだ。

さいしょルースは、学校を出たら、仕立屋《したてや》になって洋服《ようふく》をつくりたいと考えていた。そのため、洋服の仕立てについて学んでいた。ところが学校を卒業《そつぎょう》する時、地《じ》元《もと》のマイナー・リーグの球団《きゅうだん》、オリオールズが契約《けいやく》にきた。そのチームと契約したが数ヵ月後に、ボストン・レッドソックスに移《うつ》ったのだ。

ルースは、子どもたちにとても愛《あい》されていた。こんな話が伝《つた》えられている。

一九二六年十月のある日のこと。ルースは、ジョニーという男の子の父親《ちちおや》から電話をもらった。

「ベーブ・ルースさん、病気《びょうき》のむすこを元気《げんき》づけたいのです。あなたの手紙か、サインボールをいただけないでしょうか」

ジョニーは原因不明《げんいんふめい》の背中《せなか》の病気《びょうき》にかかり、寝《ね》たきりだった。いろんな病院《びょういん》に行き、多くの医者《いしゃ》にかかっても、病気は少しもよくならなかった。

ジョニーは、ベーブ・ルースの熱心《ねっしん》なファンだった。ルースのことが出ている新《しん》聞《ぶん》や雑誌《ざっし》の記事《きじ》を切りぬき、スクラップブックにはりつけていた。父親はむすこの病気のことを話した。ルースはたずねた。

「ジョニーはいまどこにいるのですか？」

「電話をしているこの家にいます。ニュージャージー州《しゅう》のエセックスフェルズです」

「わかりました。きょうの午後に行きましょう」

父親はびっくりした。あしたからワールドシリーズがはじまり、ヤンキースはカージナルスと対戦《たいせん》することになっていたのだ。そんなたいへんな時に、ルースは来てくれるのだろうか。

父親は、きっと冗談《じょうだん》だろうと思って電話を切《き》った。しかし電話の話はほんとうだった。その日、野球道具《やきゅうどうぐ》のはいったバッグをさげたルースが、ジョニーの家にあらわれた。ジョニーは、目をまん丸《まる》にしてルースをむかえた。信《しん》じられないことが起《お》きたのだった。大好《だいす》きなルースに、ジョニーはこんなことをいった。

「ワールドシリーズで、ぼくのためにホームランを打って」

「わかった、きみのために大きなホームランを打つよ」

そして、ルースは帰っていった。

約束通《やくそくどお》りルースは、ワールドシリーズで四本のホームランを打った。

つぎの年になって、ルースはジョニーに奇跡《きせき》が起《お》きたことを知る。ルースの訪問《ほうもん》によって、ジョニーの背中《せなか》の病気《びょうき》はみるみるよくなり、元気《げんき》になっていたのだった。健康《けんこう》になったジョニーは、第二次世界大戦《だいにじせかいたいせん》の時、潜水艦《せんすいかん》に乗って働いたという。

一九三四（昭和九）年十一月、メジャー・リーグの選抜《せんばつ》チームが日本をおとずれた。この時、ルースも一員《いちいん》として日本にやってきた。

選抜チームは約一ヵ月の間日本にいて、社会人《しゃかいじん》で構成《こうせい》した全日本チームと一八試《し》合《あい》ゲームをやった。ルースは、一三ホームラン、打率《だりつ》四割《わり》八厘《りん》と評判《ひょうばん》に負《ま》けない活《かつ》躍《やく》をした。

第一〇戦《せん》、全日本チームの投手《とうしゅ》として登板《とうばん》したのが、一七歳《さい》の沢村栄治《さわむらえいじ》だった。沢村はこの試合で好投《こうとう》し、一対《たい》〇で惜《お》しくも敗《やぶ》れた。けれど、メジャーの選抜チームから九三振《さんしん》をうばったのだ。ルースも三振を喫《きっ》した。

■左投《ひだりな》げ左打《ひだりう》ち　■試合数《しあいすう》＝二五〇三試合　■通算打率《つうさんだりつ》＝〇・三四二
■安打《あんだ》＝二八七三　本塁打《ほんるいだ》＝七一四　■打点《だてん》＝二二一三
■出塁率《しゅつるいりつ》＝〇・四七四　■長打率《ちょうだりつ》＝〇・六九〇

病魔《びょうま》とたたかった三冠王《さんかんおう》

ルー・ゲーリッグ(一塁手《るいしゅ》)　Lou Gehrig

ルー・ゲーリッグは、一九〇三年にニューヨークに生まれた。両親はドイツからの移民《いみん》だった。父《ちち》は製鉄工場《せいてつこうじょう》などで働いていたが、暮《く》らしは貧《まず》しく、母が家政婦《かせいふ》をして家計《かけい》を支《ささ》えていた。

兄弟《きょうだい》は四人いたが、三人は子どものころに亡《な》くなり、成人《せいじん》したのはゲーリッグだけだった。子ども時代《じだい》のゲーリッグは野球《やきゅう》が大すきで、ベースボールカードを熱心《ねっしん》に集めた。とくに、パイレーツのホーナス・ワグナー選手《せんしゅ》にあこがれていた。

コマース高校時代のゲーリッグは、冬はフットボール、夏は野球に打ちこんだ。野球の試合《しあい》では活躍《かつやく》し、シカゴの高校との試合では特大《とくだい》のホームランを放《はな》った。新聞《しんぶん》に「ハイスクールのベーブ・ルース」と書かれるほどだった。母親《ははおや》はゲーリッグを、スポーツ選手ではなく、大学に進学《しんがく》させて建築家《けんちくか》にしたいと思っていた。

母親の願《ねが》い通《どお》り、コロンビア大学に進学したゲーリッグだったが、ここでもフッ

1937 年のオールスターゲームに出場したゲーリッグ（左）と出場選手たち。

トボールと野球のチームに加《くわ》わって活躍した。

一九二三年三月、ヤンキースのスカウトが見にきていた試合で、二本のホームランを打《う》って驚《おどろ》かせた。スカウトはとても感動《かんどう》して、試合後ヤンキースのGMに電話をいれた。

「わたしはいま、もうひとりのベーブ・ルースを見ました」

そう報告《ほうこく》したといわれている。

こうしてゲーリッグは、ヤンキースと契約《けいやく》し、二年後の一九二五年六月に「六番《ばん》・一塁手《るいしゅ》」として先発出場《せんぱつしゅつじょう》した。大記《だいき》録《ろく》、二一三〇試合連続出場《しあいれんぞくしゅつじょう》のはじまりで

ヤンキーにあるゲーリッグの永《えい》久欠番《きゅうけつばん》のプレート。

あった。
三番ルース、四番ゲーリッグのコンビは、「殺人打線《さつじんだせん》」と呼《よ》ばれ、相手《あいて》チームにおそれられた。連続出場記録が終わる一九三九年四月三十日まで、ゲーリッグはホームラン王を三回、首位打《しゅいだ》者《しゃ》を一回、打点王《だてんおう》を三回獲得《かくとく》している。

一九三二年六月三日のアスレティックス戦《せん》では、「一試合四ホームラン」というすばらしい記録を打ちたてた。この日、さいしょの四打席《だせき》であっさり記録をつくったが、九回に六度目の打席がまわってきた。ゲーリッグは、センターへ大きな飛球《ひきゅう》を放《はな》った。打球はフェンスを越《こ》えていたが、センターが大ジャンプをしてそのホームランを捕《と》ってしまった。あと五センチほど遠く飛んでいたら、一試合五ホームランの記録となっていただろう。しかし一試合四ホームランは、ルースも打っていない。

ゲーリッグが現役選手《げんえきせんしゅ》だった時代、まだ打者《だしゃ》のヘルメットはなかった。一九三四年のオープン戦《せん》でゲーリッグは、投手から頭にデッドボールを受けた。すぐに病院《びょういん》にかつぎこまれた。よく日のセネタース戦に出場《しゅつじょう》できるだろうか、とみんなを心配《しんぱい》させた。ところがつぎの日、彼《かれ》は元気《げんき》な顔で球場にあらわれた。そして三打席連続《だせきれんぞく》三塁打《るいだ》を放《はな》って、まわりの人を驚《おどろ》かせたり、あきれさせたりした。

こうして二一三〇試合連続出場《しあいれんぞくしゅつじょう》という大記録《だいきろく》をつくった。ゲーリッグは、「鉄《てつ》の馬《うま》（アイアンホース）」と呼《よ》ばれた強《きょう》じんな体だったが、病魔《びょうま》にむしばまれていた。「筋萎縮性側索硬化症《きんいしゅくせいそくさくこうかしょう》」という、筋肉《きんにく》がしだいにおとろえていく難病《なんびょう》だった。三冠王《さんかんおう》にかがやいた一九三四年あたりから、病気《びょうき》はゲーリッグにとりついて侵《おか》していったのだ。

一九三九年七月四日、引退《いんたい》のセレモニーがヤンキー・スタジアムでおこな

ヤンキー・スタジアムにはゲーリッグの業績《ぎょうせき》をたたえる碑《ひ》もある。

われた。超満員《ちょうまんいん》の観客《かんきゃく》の前で、ゲーリッグは目頭《めがしら》をおさえながらいった。

「きょうのわたしは、自分を地球上《ちきゅうじょう》でもっとも幸《しあわ》せな男だと思っています」

二年後の六月二日。はじめて先発出場したのとおなじ日に、ゲーリッグは三七歳《さい》の若《わか》さで亡《な》くなった。彼《かれ》の背番号《せばんごう》「４」は、アメリカのスポーツ史上《しじょう》、はじめての永久欠番《えいきゅうけつばん》となった。

一九九五年九月六日、カル・リプケン・ジュニア（オリオールズ）が、二一三一試《し》合連続出場記録《あいれんぞくしゅつじょうきろく》を達成《たっせい》した。不滅《ふめつ》の記録と思われていたゲーリッグのメジャー記録を更新《こうしん》したのだ。

しかし、ゲーリッグの偉業《いぎょう》はいささかも色《いろ》あせていない。「鉄《てつ》の馬《うま》」のすごさは、いまもメジャー・リーグの中でしっかり生きているのだ。

■左投《ひだりな》げ左打《ひだりう》ち　■試合数《しあいすう》＝二一六四試合　■通算打率《つうさんだりつ》＝〇・三四〇
■安打《あんだ》＝二七二一　本塁打《ほんるいだ》＝四九三　■打点《だてん》＝一九九五
■盗塁《とうるい》＝一〇二　■連続出場試合《れんぞくしゅつじょうじあい》＝二一三〇

ホームランを七五五本打《う》った選手《せんしゅ》
ハンク・アーロン（外野手《がいやしゅ》・一塁手《るいしゅ》） Hank Aaron

一九七三年のシーズンは終わりに近づいていた。アトランタ・ブレーブスのハンク・アーロンは、四〇本のホームランを打って通算《つうさん》ホームラン数を七一三とした。二本打てば、ベーブ・ルースの七一四本の記録《きろく》を塗《ぬ》りかえることになる。

大記録が生まれるわけだから、メジャーのファンたちは大さわぎをして、記録達《たっ》成《せい》を祝《いわ》おうとするころだ。けれどベーブ・ルースは、野球の神様《かみさま》として尊敬《そんけい》されている人だ。その人の記録を破ろうとしているアーロンは、歓迎《かんげい》されるどころか、ののしられたり、非難《ひなん》されたりしたのである。アーロンが黒人《こくじん》選手であることも、喜《よろこ》ばない人がたくさんいた理由《りゆう》だ。

ルースの記録に近づくにつれて、その日を見とどけたいと、三〇〇〇人もの記者《きしゃ》がアーロンに同行《どうこう》していた。大きなプレッシャーでおしつぶされそうだった。

アーロンのもとには、アメリカ中からたくさんの脅迫状《きょうはくじょう》が舞《ま》いこんだ。その中に

ベーブ・ルースをこえ、755 本のホームランを放《はな》ったハンク・アーロン。

は、「ベーブ・ルースの記録《きろく》を破《やぶ》る前に死《し》ね」とか「家族に危害《きがい》をおよぼしてやる」というおそろしい手紙もあった。けれどアーロンは、重圧《じゅうあつ》にも、脅迫《きょうはく》やいやがらせにも、勇気《ゆうき》をもってたちむかった。

一九七四年のシーズンになった。アーロンは、四月四日にシンシナティ・レッズ戦《せん》にのぞみ、ルースの記録とならぶ七一四号《ごう》を打《う》った。四日後のドジャース戦では、新記録となる七一五号を放《はな》った。その瞬間《しゅんかん》、地元《じもと》アトランタの球場には花火《はなび》があがり、大興奮《だいこうふん》につつまれた。アーロンはホームベースをふんだ後、まっ先に両親のところへかけよった。

このホームランは、アーロンの名前をメジャーの歴史《れきし》にきざんだ一本だった。また人種差別《じんしゅさべつ》を克服《こくふく》した意義《いぎ》あるホームランでもあったのだ。

ハンク・アーロンは、一九三四年にアラバマ州《しゅう》モービルで生まれた。父親は造船《ぞうせん》会社《がいしゃ》で働いていた。子どもだったアーロンが、草野球《くさやきゅう》をむちゅうになってやっていたころだ。黒人《こくじん》ではじめてメジャーの選手《せんしゅ》となったジャッキー・ロビンソンが、活《かつ》躍《やく》をはじめていた。アーロンは、ロビンソンにあこがれ、自分もメジャーでプレーしたいと考えていた。高校生になると、学校の野球《やきゅう》チームの遊撃手《ゆうげきしゅ》となって活躍《かつやく》した。

一九五二年、ブレーブスにスカウトされて、マイナー・リーグ入りした。そして二年後の春には、メジャーのミルウォーキー・ブレーブスに昇格《しょうかく》したのだ。

メジャー二年後の一九五五年には、ホームランを二七本放《はな》ち、五七年には四四本を打《う》ってはじめてホームラン王になった。

一九六六年、ブレーブスは本拠地《ほんきょち》をミルウォーキーからアトランタに移《うつ》した。アトランタの球場《きゅうじょう》は、打者《だしゃ》に優位《ゆうい》な球場だった。アトランタに来てさいしょの二年間、アーロンはホームラン王となった。

その後もアーロンのバットからは鋭《するど》い打球《だきゅう》が飛んで、七〇年五月には三〇〇〇本安打《あんだ》の記録《きろく》を打ち立てた。五〇〇本塁打と三〇〇〇本安打達成者として史上《しじょう》はじめて名乗《なの》りをあげたアーロンの功績《こうせき》はすばらしい。

一九七六年、アーロンは本塁打記録を七五五本までのばし、静《しず》かにバットをおいた。ルースの記録を破《やぶ》ったその年の十一月、アーロンは日本にやってきた。後楽園球《こうらくえんきゅう》場《じょう》で日本のホームラン王、王貞治《おうさだはる》選手《せんしゅ》とホームラン競争《きょうそう》をしたのだ。結果《けっか》は、一〇本対《たい》九本でアーロンの勝ちだった。

■右投《みぎな》げ右打《みぎう》ち　■試合数《しあいすう》＝三二九八試合　■通算打率《つうさんだりつ》＝〇・三〇五
■安打《あんだ》＝三七七一　本塁打《ほんるいだ》＝七五五　■打点《だてん》＝二二九七
■盗塁《とうるい》＝二四〇

6 メジャーで活躍《かつやく》した名野手《めいやしゅ》

メジャーさいしょの黒人選手《こくじんせんしゅ》
ジャッキー・ロビンソン（一塁《るい》・二塁手） Jackie Robinson

一九四七年、ブルックリン・ドジャースのユニフォームを着《き》た黒人選手《こくじんせんしゅ》が登場《とうじょう》した。内野手《ないやしゅ》のジャッキー・ロビンソンだ。白人系《はくじんけい》でない選手はメジャーではプレーできない、という大きくて厚《あつ》い人種差別《じんしゅさべつ》の壁《かべ》を、ロビンソンははじめて打《う》ち破《やぶ》った。

ロビンソンは、一九一九年ジョージア州《しゅう》カイロで、小作人《こさくにん》の子どもとして生まれた。小さいころ、白人《はくじん》の子どもに石を投《な》げられて、よくいじめられた。でも、自分が黒人であることに自信《じしん》を持っていた。

大学では、バスケットボール、アメリカンフットボール、陸上競技《りくじょうきょうぎ》、野球《やきゅう》のすべ

てで代表選手《だいひょうせんしゅ》になった。すばらしい運動神経《うんどうしんけい》とスポーツに対《たい》する感覚《かんかく》を持っていたのだ。大学を出たロビンソンは、黒人だけのプロ野球《やきゅう》、ニグロリーグ「カンザスシティ・モナークス」にはいる。そこで活躍《かつやく》するロビンソンを、ドジャースの会長ブランチ・リッキーが知った。リッキーは、ロビンソンをメジャーの選手として働かせたいと考えた。メジャーで黒人がプレーできる素地《そじ》はまったくなかった。

リッキーが大学で野球コーチをしていたころ、あらゆる公共施設《こうきょうしせつ》、電車、バス、食堂《しょくどう》、宿泊施設《しゅくはくしせつ》では、白人《はくじん》と有色《ゆうしょく》人種《じんしゅ》は分離《ぶんり》することが、州《しゅう》の法律《ほうりつ》で決《き》められていた。

二塁手《にるいしゅ》として軽快《けいかい》な守備《しゅび》をみせる
ジャッキー・ロビンソン

メジャーでロビンソンをプレーさせるのは、かんたんなことではなかった。けれど、ブランチ・リッキー、コミッショナーのハッピー・チャンドラー、ナ・リーグ会長のフォード・フリックの三人は、慎重《しんちょう》にねばり強く準備《じゅんび》を進めていったのだ。

リッキーは入団《にゅうだん》を勧《すす》めながら、けれど入団したら起《お》きるだろう苦難《くなん》の数々を、ロビンソンに話していった。

「入団した後、どれだけひどい仕打《しう》ちを受けても、報復《ほうふく》しない勇気《ゆうき》をきみは持っているか」

リッキーの問《と》いに、ロビンソンは持っているとこたえた。

ロビンソンは、ドジャースのファーム組織《そしき》であるモントリオール・ロイヤルズに入った。いきなりメジャーに入って活躍《かつやく》したら、問題になるからだった。ファームからはじめて、ドジャースに昇格《しょうかく》した。黒人選手《こくじんせんしゅ》がデビューすることがわかると、多くの人が猛反対《もうはんたい》した。ドジャースとは対戦《たいせん》を拒否《きょひ》するという球団《きゅうだん》の監督《かんとく》があらわれた。ロビンソンとおなじチームでプレーしたくないという選手もいた。

一九四七年四月十五日。ニューヨークのエベッツフィールドで、ロビンソンは一塁手《るいしゅ》としてメジャーの試合《しあい》に出場《しゅつじょう》した。二万五千人の観客《かんきゃく》のほとんどが黒人だった。ロビンソンは三打席《だせき》ノーヒットだったが、観客は興奮《こうふん》した。ロビンソンが投《な》げたり、打《う》ったり、走ったりするたびに大声援《だいせいえん》がわいた。

ロビンソンの出場は、メジャー・リーグだけでなく、アメリカにとって大きな変《へん》化《か》となるできごとだった。

その夏、エベッツフィールドには、それまでで最多《さいた》の観客《かんきゃく》がおとずれた。

デビューをはたしたけれど、ロビンソンにはきびしくて苦《くる》しい道が待っていた。迫害《はくがい》といやがらせが、ロビンソンを襲《おそ》ったのだ。

「プレーをつづけるのなら家族《かぞく》を殺《ころ》す」という手紙がきた。相手《あいて》チームのピッチャーから頭をねらわれた。遠征先《えんせいさき》のホテルでは、宿泊《しゅくはく》を断《ことわ》られることがあった。相手チームの選手は試合中に、「黒人は綿畑《わたばたけ》にかえれ」とののしった。

ロビンソンへの迫害《はくがい》は想像《そうぞう》以上《いじょう》のものだった。けれど、リッキー会長と堅《かた》い約束《やくそく》をかわしていた。ロビンソンは、何があってもじっとがまんをした。そして、プレーに集中《しゅうちゅう》したのだ。

一九四七年のシーズン、ロビンソンは一五一試合に出場、打率《だりつ》〇・二九七、ホームラン一二本、一二五得点《とくてん》（リーグ二位《い》）、盗塁《とうるい》二九（盗塁王）で、ナ・リーグの新《しん》人王《じんおう》にかがやいた。ドジャースは、ロビンソンの活躍《かつやく》でリーグ優勝《ゆうしょう》をとげることができた。

さいしょ「黒人といっしょにやるならやめる」といったチームの選手《せんしゅ》の態度《たいど》が変わっていった。シーズンの終わりには、「ジャッキーほど勝利《しょうり》に貢献《こうけん》した選手はいない」とほめたたえたのだ。

つぎの年からは二塁手《るいしゅ》として活躍《かつやく》し、一九五五年のワールドシリーズでの優勝、六回のリーグ優勝に大きな役割《やくわり》をはたした。

一九九七年四月十五日。ニューヨークのシェイスタジアムで、ジャッキー・ロビンソンのデビュー五〇周年記念《しゅうねんきねん》セレモニーがおこなわれた。そこで、ロビンソンの背番号《せばんごう》「42」番《ばん》が、メジャー・リーグ全球団で永久欠番《えいきゅうけつばん》になると発表《はっぴょう》されたのだ。

■右投《みぎな》げ右打《みぎう》ち　■試合数《しあいすう》＝二三八二試合　■通算打率《つうさんだりつ》＝〇・三一一
■安打《あんだ》＝一五一八　本塁打《ほんるいだ》＝一三七　■打点《だてん》＝七三四
■盗塁《とうるい》＝一九七

ゲーリッグをこえた鉄人《てつじん》

カル・リプケン・ジュニア（遊撃《ゆうげき》・三塁手《るいしゅ》） Cal Ripken Jr

二〇〇二年、メジャー・リーグはファンに対《たい》して「忘《わす》れられぬ瞬間《しゅんかん》」のアンケートをおこなった。その一位《い》になったのは、一九九五年九月六日にカル・リプケン選《せん》手《しゅ》が新記録《しんきろく》を打ち立てた瞬間だった。

その日、オリオールズのリプケン選手は、二一三一連続出場試合《れんぞくしゅつじょうしあい》のメジャー・リーグ新記録《しんきろく》をつくったのだ。場所は、オリオールズの本拠地《ほんきょち》、オリオールズパーク・アット・カムデンヤーズ。五回になって試合《しあい》が成立《せいりつ》すると、ベンチからリプケン選手がすがたをあらわした。するとオリオールズパークにつめかけた超満員《ちょうまんいん》の観客《かんきゃく》は、スタンディング・オベーションで彼《かれ》を祝福《しゅくふく》した。新記録をたたえる拍手《はくしゅ》の音は、二〇分以上もやまなかった。リプケンが破ったのは、ゲーリッグがつくった連続出場記録二一三〇試合だ。それはあまりに大きな記録なので、その記録を破る人などだれもあらわれないだろうと、みんなが思っていた。

2632試合《しあい》に連続出場《れんぞくしゅつじょう》した「鉄人《てつじん》」、カル・リプケン・ジュニア。

リプケンの連続試合出場《れんぞくしあいしゅつじょう》がはじまったのは、一九八二年五月二十九日のことだ。彼のメジャーデビュー二年目だった。この年、新人王《しんじんおう》にえらばれた。つぎの年の一九八三年には、打率《だりつ》〇・三一八、ホームラン二七本、打点《だてん》一〇二で、MVP《エムブイピー》となった。一九九一年にも、打率〇・三二三、ホームラン三四本、打点一一四で、二度目のMVPになっている。

鉄人《てつじん》といわれたリプケンだが、故障《こしょう》やスランプで出場《しゅつじょう》が危《あや》うくなったこともある。一九八五年四月にねんざをした時には、足首《あしくび》をテーピングして出場した。また一九九三年六月六日、オリオールズの本拠地《ほんきょち》でマリナーズ戦《せん》があった。この時、危険球《きけんきゅう》をめぐって乱闘《らんとう》があった。リプケンも飛びだしていって、乱闘にくわわった。乱闘のさなかに、リプケンは右ひざにとても大きな痛《いた》みを感じた。だれかにつよく蹴《け》られたようだった。痛くて痛くて足を引きずりながら、ダッグアウトにもどった。連続試合《れんぞくしあい》もこれまでかと思われた。しかし丸一日氷をあてて冷《ひ》やしたら、つぎの日はうそのように痛みは引《ひ》いていた。

一九九四年から九五年のメジャー・リーグのストライキもピンチだった。オーナー側《がわ》は代替選手《だいたいせんしゅ》をそろえて、九五年のシーズン開幕《かいまく》を強行《きょうこう》しようとしていた。もし試《し》合《あい》がおこなわれれば、スト破《やぶ》りをする意思《いし》のないリプケンは不出場《ふしゅつじょう》となり、記録《きろく》はとぎれることになる。だが、九五年四月二七日にストは解決《かいけつ》して、メジャー・リーグは再開《さいかい》された。九月五日、リプケンはゲーリッグのもつ大記録にならんだ。そして翌《よく》六日、リプケンの連続試合出場記録は二一三一試合となったのだ。

　この大記録が達成《たっせい》された一四年間に、メジャー・リーグで故障者《こしょうしゃ》リストにはいった選手は、のべ三一九四人だ。他のチームで故障したショートは、三四七人にもなる。リプケンが「鉄人《てつじん》」と呼《よ》ばれるのが、この数字を見てもわかる。

　リプケンの父《ちち》もメジャーに籍《せき》をおいていた。オリオールズのコーチから監督《かんとく》になった人だ。子どものころ、その父が大怪我《おおけが》をしたことがあった。

「試合があるかぎり、球場《きゅうじょう》に行くのは、わたしの仕事だ」

　そういって、父は球場に出かけていった。

　リプケンはそんな父のすがたを、しっかり見ていた。彼がメジャーで活躍《かつやく》するようになった時も、父はつねにいった。

「自分のことより、つねにチームのことを優先《ゆうせん》させよ。いったんフィールドに出たら、無心《むしん》でプレーし、勝《か》つことのほかは考えるな」

そうした教えもあって、リプケンは不屈《ふくつ》の闘志《とうし》と強《つよ》い精神力《せいしんりょく》で連続出場記録をのばしていったのだ。その記録は、一九九八年九月二十日に二六三二試合で終わった。

その日、リプケンが出場しないことがわかると、相手《あいて》チーム、ヤンキースの選手たちは、全員ベンチの前にならんで彼《かれ》に大きな拍手《はくしゅ》を送《おく》った。リプケンはベンチから出ると、ヤンキースの選手たちに帽子《ぼうし》をふり、観客《かんきゃく》のスタンディング・オベーションにこたえたのだった。

リプケンは、二〇一一年十一月に日本にやってきた。そして東日本大震災《ひがしにほんだいしんさい》の復興《ふっこう》を応援《おうえん》するため、石巻市《いしのまきし》、大船渡市《おおふなとし》、陸前高田市《りくぜんたかたし》などをおとずれた。大船渡市では野球教室《やきゅうきょうしつ》をひらいて、子どもたちと交流《こうりゅう》してはげました。

■右投《みぎな》げ右打《みぎう》ち　■安打《あんだ》＝三一八四　■本塁打《ほんるいだ》＝四三一
■打点《だてん》＝一六九五　■八二四三イニング連続出場《れんぞくしゅつじょう》
■二六三二試合連続出場　■実働《じつどう》＝二一シーズン

カリブの海に消《き》えた背番号《せばんごう》21
ロベルト・クレメンテ（外野手《がいやしゅ》）　Roberto Clemente

ロベルト・クレメンテは、一九五五年から七二年までメジャーで活躍《かつやく》したピッツバーグ・パイレーツの選手だ。ライトを守《まも》っていた。

彼《かれ》がいる試合では、「ライトに打球《だきゅう》が飛んだら、ホームラン以外《いがい》は進塁《しんるい》はあきらめろ」といわれた。クレメンテはすばらしく強《つよ》い肩《かた》を持っており、進塁しようとするランナーを、矢《や》のような投球《とうきゅう》でアウトにしたのだ。走者《そうしゃ》を塁上《るいじょう》でアウトにする捕《ほ》殺《さつ》は一九六一年には二七個《こ》あり、一八年間で合計二六九個を記録《きろく》した。

おなじパイレーツのデーブ・パーカー外野手《がいやしゅ》も、強肩《きょうけん》で名守備《めいしゅび》といわれた。けれど、一六年で走者の捕殺は一五二個しかない。彼のすごさは、一九六一年から一二年間連続《れんぞく》してゴールデングラブ賞《しょう》にかがやいていることでもわかる。

クレメンテは、打者《だしゃ》としてもすぐれていた。首位打者《しゅいだしゃ》には四回かがやいており、打率《だりつ》三割《わり》以上《いじょう》をマークしたのは一三回もある。そして一九七二年九月三十日には、通算《つうさん》三〇〇〇本安打《あんだ》を放《はな》った。

　プエルトリコ出身《しゅっしん》だったクレメンテは、貧《まず》しい環境《かんきょう》の中で苦《くる》しむカリブ諸国《しょこく》の人びとを、すばらしいプレーではげましつづけてきた。三〇〇〇本安打を達成し、シーズンを終えた十二月二十三日のことだ。中米《ちゅうべい》ニカラグアの首都《しゅと》、マナグアで大地震《だいじしん》

カリブの海に消《き》えた名選手《めいせんしゅ》、ロベルト・クレメンテ。

が起《お》きた。多くの人たちが被害《ひがい》にあって苦《くる》しんでいる。彼《かれ》はすぐに救援活動《きゅうえんかつどう》をはじめた。

十二月三十一日、救援物資《ぶっし》をニカラグアの被災地《ひさいち》に届《とど》けることになった。クレメンテはボランティアの人たちとともに、プエルトリコから飛行機《ひこうき》に乗って出発した。けれど、その飛行機はプエルトリコのサンファン沖《おき》に墜落《ついらく》し、クレメンテは帰らぬ人となってしまったのだ。

事故《じこ》を知った多くのファンは驚《おどろ》き、彼の死《し》を惜《お》しんだ。メジャー・リーグ機構《きこう》は、チャリティ活動などを通じて社会に大きな貢献《こうけん》をした選手《せんしゅ》に「コミッショナー賞《しょう》」を授与《じゅよ》していた。けれど彼の死を悼《いた》み、生前《せいぜん》の活動を評価《ひょうか》して、その賞にクレメンテの名を冠《かん》することにした。

一九七四年から賞の名は「ロベルト・クレメンテ賞」となった。

規定《きてい》では、すばらしい功績《こうせき》をのこした選手が野球殿堂《やきゅうでんどう》入《い》りをするのは引退《いんたい》して五年後と決められていた。けれど、彼の偉業《いぎょう》をたたえ、亡《な》くなった翌年《よくねん》、一九七三年にクレメンテを野球殿堂にむかえ入れた。また、パイレーツは彼の背番号《せばんごう》21を永久《えいきゅう》欠番《けつばん》としたのだった。

メジャー・リーグには、その年活躍《かつやく》した選手に贈《おく》られるいくつかの賞がある。たとえば、すぐれた投手に与《あた》えられる「サイ・ヤング賞」、すばらしい成績をのこした打者《だしゃ》に与えられる「ハンク・アーロン賞《しょう》」、逆境《ぎゃっきょう》をのりこえてファンに勇気《ゆうき》を与え、地域《ちいき》などに貢献《こうけん》した選手《せんしゅ》に与えられる「ハッチ賞」などだ。

どの賞も歴史《れきし》にのこるすぐれた賞だ。けれどメジャーの選手たちは、どんな賞よりも「ロベルト・クレメンテ賞」に対《たい》して敬意《けいい》をはらっている。その受賞者はとても尊敬《そんけい》されるのだ。これまで、ウィリー・メイズ選手、カート・シリング選手、アル・ライター選手、サミー・ソーサ選手などが受賞《じゅしょう》している。

■右投《みぎな》げ右打《みぎう》ち　■試合数《しあいすう》＝二四三三試合　■通算打率《つうさんだりつ》＝〇・三一七
■安打《あんだ》＝三〇〇〇　本塁打《ほんるいだ》＝二四〇　■打点《だてん》＝一三〇五
■盗塁《とうるい》＝八三

7 メジャー・リーグとっておきのおかしな話

バンビーノの呪《のろ》い◆ボストン・レッドソックス

「バンビーノ」とは、ベーブ・ルースのニックネームだ。つまり、ベーブ・ルースの呪《のろ》いということになる。

ボストンに本拠地《ほんきょち》をおくチーム、レッドソックスは、ずっと悪魔《あくま》にたたられている。ベーブ・ルースの呪いにとりつかれている。そのため世界一にはなれない、といわれてきた。そのわけはこうだ。

ヤンキースとレッドソックス、二つの名門《めいもん》チームは、一〇〇年近くライバルチームとして競《きそ》ってきた。ヤンキースの前身《ぜんしん》ハイランダースが、ア・リーグに加盟《かめい》したのは一九〇三年だ。この時から、両《りょう》チームのはげしい戦《たたか》いははじまった。

それからの一〇〇年間に、ペナントレースで両チームが一位《い》、二位になったのは、一四回もある。そのうちヤンキースが、一一回優勝《ゆうしょう》している。チームだけでない。両チームの選手も、ホームラン王や首位打者《しゅいだしゃ》などをはげしく争《あらそ》ってきたのだ。

レッドソックスには、とても悔《くや》しい失敗《しっぱい》があった。一九二〇年に、ベーブ・ルースを一二万五〇〇〇ドルでヤンキースにトレードで出したことである。それまでレッドソックスは、五回もワールドシリーズで勝《か》ってチャンピオンになっていた。ア・リーグでも六回の優勝をしていた。そのころのヤンキースといえば、ずっと下《か》位《い》で優勝など一度もしたことがない弱いチームだった。

ところがルースが移《うつ》ってきた年から、ヤンキースはきゅうに強いチームとなった。多くの年に優勝するようになり、ぎゃくにレッドソックスはどうしても優勝できないチームとなってしまった。レッドソックスの前にたちはだかって優勝をさらっていくのは、いつもヤンキースだった。

一九四九年のシーズン終わり近く、レッドソックスは二位ヤンキースに一ゲーム差《さ》をつけていた。けれど、さいごの二試合《しあい》を連敗《れんぱい》してしまい、勝率《しょうりつ》が逆転《ぎゃくてん》して優勝をのがしてしまった。一九七八年には、ヤンキースに一四ゲーム差《さ》をつけていた。それなのに追《お》いつかれてしまい、同率《どうりつ》で優勝決定戦になった。その試合《しあい》でも負《ま》けて、優勝をのがしてしまった。とちゅうまでリードしていたが、ヤンキースのデントに逆転《ぎゃくてん》のスリーランホームランを打たれたのだ。

一九八六年、レッドソックスはワールドシリーズに出ることができた。ナ・リーグの相手《あいて》チームは、ニューヨーク・メッツだった。レッドソックスは三勝《しょう》二敗《はい》で、世界一まであと一勝となった。優勝に王手《おうて》をかけた第六戦の延長《えんちょう》一〇回、レッドソックスは二点リードしていた。なのに、二死ランナーなしから逆転負けを喫《きっ》してしまった。第七戦も、とちゅうまで三対〇と勝っていたが逆転され、一度は手の中に入れた世界一をのがしたのである。

このように、レッドソックスはどうしてもワールドシリーズで優勝ができなかった。目の前に近づいた優勝でも、なぜか逃《に》げていってしまう。優勝できないレッドソックスのことを、人びとは「バンビーノの呪《のろ》い」がついているというようになった。レッドソックスはベーブ・ルースを放出《ほうしゅつ》したので、それから悪魔《あくま》にたたられているというのだ。レッドソックスが世界一になれば、バンビーノの呪いは解《と》け、つらい苦《くる》しい歴史《れきし》は終わるといわれていた。

けれど、とうとうその時がきた。二〇〇四年のシーズン、レッドソックスはアメリカン・リーグのワイルドカードを獲得《かくとく》した。そしてディビジョンシリーズで、アナハイム・エンゼルスを下《くだ》した。チャンピオンシップシリーズは、ヤンキースとレッドソックスの対戦《たいせん》となった。〇勝三敗と追《お》いつめられたが、オルティーズやシリング投手《とうしゅ》の活躍《かつやく》で、四連勝《れんしょう》をした。奇跡《きせき》の大逆転でヤンキースを下したのだ。

ワールドシリーズでは、セントルイス・カージナルスと対戦《たいせん》した。レッドソックスはプレーオフの勢《いきお》いに乗《の》って、四勝《しょう》〇敗《はい》でみごとワールドシリーズを制覇《せいは》した。とうとう「バンビーノの呪い」は解けたのだった。

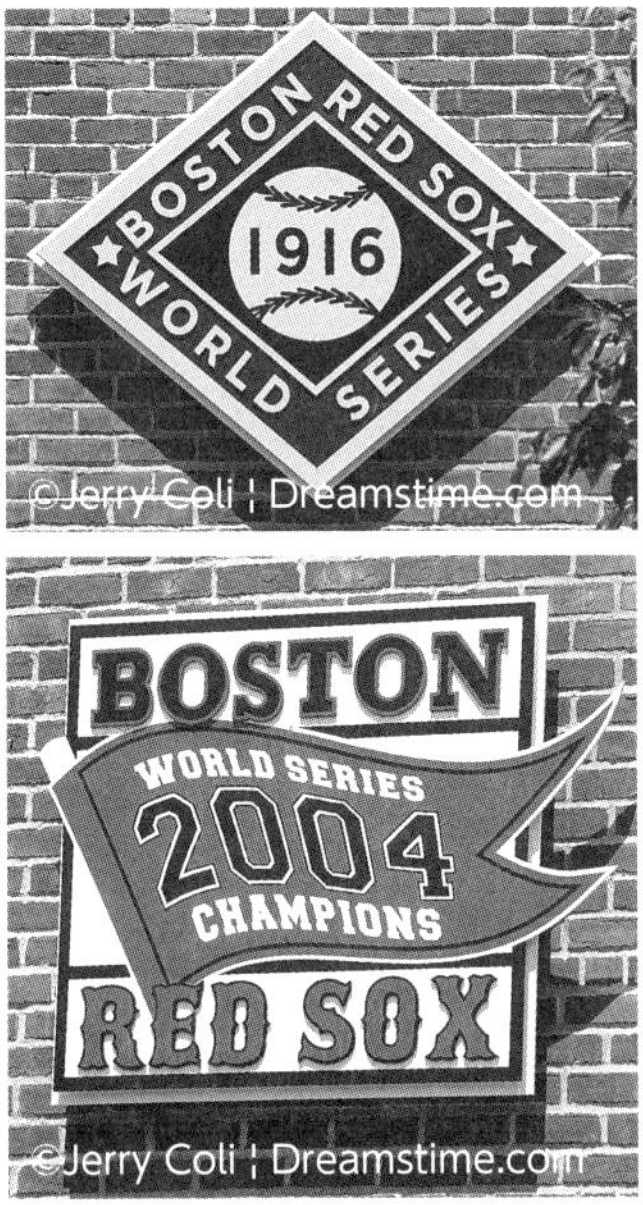

フェンウェイ・パークにかざられた
ワールドシリーズ優勝《ゆうしょう》のプレート。

三五歳《さい》のルーキー◆ジム・モリス投手《とうしゅ》

一九八三年、一九歳《さい》のジム・モリスはミルウォーキー・ブリュワーズにドラフト一位《い》で指名《しめい》され、ファームの選手《せんしゅ》となった。六年間、左腕投手《さわんとうしゅ》としてファームで投《な》げたが、肩《かた》の故障《こしょう》などがあってメジャーには昇格《しょうかく》できなかった。二五歳になって野球はあきらめ、故郷《こきょう》のテキサス州《しゅう》ブラウンウッドにもどった。モリスは高校の化学《かがく》教師《きょうし》となり、野球部のコーチも引きうけていた。

一九九九年のはじめ、部員《ぶいん》たちの打撃投手《だげきとうしゅ》をしている時だった。

「コーチの投げるボール、速《はや》すぎて打てないよ」

「これじゃ、ちっとも打撃練習《だげきれんしゅう》にはならない」

部員たちは文句《もんく》をいっていたが、こんなことをいいだした。

「ねえコーチ、こんなに速い球を投げられるんだから、メジャー球団のテストを受けてみたら」

「そうだよ、いい線《せん》いくかも」

ちょっと考えていたモリスは、こう答えた。

「もしこの野球部が、州の大会に出場《しゅつじょう》することができたら、メジャー球団のテストを受けてもいいよ」

モリスはみんなのやる気を出すために、こういった。ところが部員たちはとてもがんばって、ほんとうに州大会への出場をきめてしまったのだ。モリスは約束《やくそく》どおり、地元《じもと》の町でおこなわれたデビルレイズの入団テストに参加《さんか》することになった。

中年《ちゅうねん》のテスト生がやってきたので、さいしょスカウトたちは笑《わら》っていた。ところがモリスが投《な》げはじめると、スカウトたちの表情《ひょうじょう》は真剣《しんけん》なものに変わった。彼《かれ》のボールは、最速《さいそく》九八マイル（一五七キロ）を記録《きろく》したのである。テストは合格《ごうかく》だった。

マイナー・リーグの球団が契約《けいやく》したい、といってきた。モリスは悩《なや》んだ。

「もう一度プロの野球をやってみたい。けれど、努力《どりょく》して築《きず》いてきたいまの生活《せいかつ》を投げ出すことになる。メジャーへの挑戦《ちょうせん》など、ばかげているのではないか」

ためらっているモリスに、妻《つま》はこういった。

「モリス、子どもたちは待《ま》っているわ。だれも起《お》こしたことのない奇跡《きせき》を、あなたが起《お》こすのを」

モリスは、マイナーの球団《きゅうだん》と契約《けいやく》することを決めた。しかし契約金はゼロだ。モリスは妻《つま》と三人の子どもを妻の実家《じっか》に帰し、すべて一からやることにしたのだった。

モリスは、マイナーのフロリダ・オーランドーズから順調《じゅんちょう》に昇格《しょうかく》していき、メジャーのタンパベイ・デビルレイズに入団《にゅうだん》した。その年の九月十八日のレンジャーズ戦《せん》で、メジャーのマウンドにあがったのである。三番手《ばんて》の投手《とうしゅ》としてだったが、時速《じそく》九五マイル（約一五二キロ）の速球《そっきゅう》を投《な》げて打者《だしゃ》をおさえた。三十五歳《さい》で、一度はあきらめた夢《ゆめ》をかなえたのだった。

一九六〇年にパイレーツのディオメデス・オリーボ投手が、四一歳ではじめてデビューしたことがある。それ以来《いらい》の最年長投手《さいねんちょうとうしゅ》だった。

さいしょデビルレイズで投げていたモリスだったが、その後解雇《かいこ》されてドジャースに移籍《いせき》し、まもなく引退《いんたい》した。

モリスは自分の体験《たいけん》を、『ザ・オールデスト・ルーキー（最年長の新人《しんじん》）』というタイトルの本にまとめた。その本はベストセラーとなり、映画《えいが》にもなった。

メジャー・リーガーはスパイか？◆モー・バーグ捕手《ほしゅ》

一九三四年十一月、メジャー・リーグ選抜《せんばつ》チームが日本にやってきた。コニー・マック監督《かんとく》以下《いか》、一流《りゅう》の選手《せんしゅ》たちで構成《こうせい》されたチームだった。打者《だしゃ》は、ベーブ・ルース、ルー・ゲーリッグ、ジミー・フォックスなどで、投手《とうしゅ》はレフティ・ゴーメッツ、ジョー・カスカレラなどだった。

そのころの日本には、まだプロの野球チームはなかった。大学野球がさかんだったが、文部省《もんぶしょう》は学生とプロの野球試合を禁止《きんし》していた。それでメジャー選抜チームと試合《しあい》する全日本チームは、社会人選手で構成した。全日本チームのメンバーには、のちに日本のプロ野球で活躍《かつやく》する沢村栄治《さわむらえいじ》投手《とうしゅ》、水原茂《みずはらしげる》選手《せんしゅ》、三原脩《みはらおさむ》選手などがいた。

メジャー選抜チームは、十一月四日から十二月一日まで日本各地をまわって一八試合をおこなった。一八戦《せん》に全勝《ぜんしょう》してアメリカに帰っていった。

この時、メジャー選抜チームにセネタースのモー・バーグ捕手《ほしゅ》がいた。バーグは、とてもユニークな選手《せんしゅ》だった。プリンストン大学では語学《ごがく》に興味《きょうみ》を持って勉強していたのだ。ラテン語、ギリシャ語、スペイン語など七カ国語を習得《しゅうとく》した。卒業《そつぎょう》する時、弁護士《べんごし》になることを父《ちち》からすすめられたが、バーグはこう考えた。

「法律《ほうりつ》はあとからでも勉強できる。まず大すきな野球をやろう」

それで一九二三年に、ブルックリン・ドジャースに入団《にゅうだん》したのだ。その年のシーズンが終わると、パリのソルボンヌ大学に行って、フランス文学《ご》やフランスの歴史《れきし》など二二講座《こうざ》を学んだ。勉強が大すきな野球選手だったのである。

ドジャースでプレーした後、ホワイトソックス、レッドソックス、セネタース、インディアンスでプレーした。

メジャー選抜《せんばつ》チームは、一九三四年十一月二十九日、埼玉県大宮市《さいたまけんおおみやし》で第一七戦《せん》をおこなった。

その日、バーグは球場には行かず、ひとりで東京・築地《つきじ》の聖路加国際病院《せいろかこくさいびょういん》にむかった。バーグは受付《うけつけ》で、グレー駐日大使《ちゅうにちたいし》の令嬢《れいじょう》の友人女性《ゆうじんじょせい》を見舞《みま》うために来たといった。面会《めんかい》の許可《きょか》をもらったが、バーグは女性が入っている五階《かい》の病室《びょうしつ》には行かなかっ

メジャー選抜《せんばつ》チームの一員《いちいん》として日本にやってきたモー・バーグ。

た。エレベーターで七階《かい》まで上がり、さらに屋上《おくじょう》にむかったのだ。

屋上に着《つ》いたバーグは、映画《えいが》用《よう》のカメラを取りだし、そこから見える東京の風景《ふうけい》の撮影《さつえい》をはじめた。工業《こうぎょう》地帯《ちたい》、軍関係《ぐんかんけい》の施設《しせつ》、東京《とうきょう》の街《まち》、富士山《ふじさん》などをフィルムにおさめた。見舞《みま》うといった病室《びょうしつ》へはとうとう行かず、そのまま病院《びょういん》を出た。そしてつぎの試合《しあい》の予定地《よていち》、宇都宮《うつのみや》へむかったのだ。

バーグはシリーズ一八戦中《せんちゅう》、三試合にキャッチャーとして出場《しゅつじょう》した。三戦以外は、球場《きゅうじょう》にすがたを見せなかった。いつもひとりでどこかへ行っていた。不可解《ふかかい》な行動《こうどう》をとる選手だった。

バーグは日本語をじょうずに話し、和服《わふく》をきちんと着《き》こなして街《まち》を歩いたという。じつは和服の内側《うちがわ》にカメラをかくし、日本のとても重要《じゅうよう》だと思われる場所をカメラにおさめ、アメリカに送《おく》っていたのだ。

語学《ごがく》にすぐれていたバーグだが、さいしょ日本語は話せなかった。それでアメリカから日本にむかう二週間の船《ふね》の中で、日本語の日常会話《にちじょうかいわ》をマスターしてしまったのだ。横浜港《よこはまこう》に着いた時、メジャー選抜《せんばつ》チームを代表して、記者《きしゃ》たちに日本語で代《だい》表《ひょう》コメントを話したのだ。バーグはすごい人だ。

選抜チームは日本での対戦《たいせん》が終わると、上海《シャンハイ》とマニラでも試合をしてアメリカに帰《かえ》った。しかしバーグは別行動《べっこうどう》をとっている。朝鮮《ちょうせん》に行き、シベリア鉄道《てつどう》でモスクワまで行ったのだった。

聖路加病院《せいろかびょういん》の屋上でバーグが撮影したフィルムは、アメリカ軍関係者《ぐんかんけいしゃ》に渡《わた》されたようだ。そして、一九四三年四月の東京空襲《とうきょうくうしゅう》の時の資料《しりょう》として使《つか》われたといわれている。バーグは、一応《いちおう》メジャー選抜チームの一員《いちいん》として日本に来た。しかしアメリカ軍から、スパイ行動をするよう使命《しめい》を受けていたのかもしれない。そのため日本にいる間、不可解な行動をとったのだと考えられる。

一九三九年、バーグは野球界《やきゅうかい》から引退《いんたい》した。その後は正式《せいしき》にアメリカ軍のスパイになって働いたそうだ。

片腕《かたうで》でなしとげたノーヒットノーラン◆ジム・アボット投手《とうしゅ》

ジム・アボット投手《とうしゅ》は、一九六七年にミシガン州《しゅう》で生まれた。生まれつき右手首《みぎてくび》から先がなかった。ハンディを克服《こくふく》するため、六歳《さい》のころから父親《ちちおや》にすすめられて、野球《やきゅう》をはじめた。野球が大すきになり、「メジャー・リーガーになりたい」という大きな夢《ゆめ》を育《そだ》てていった。

高校時代も投手だった。相手チームが九連続《れんぞく》バントをやって攻《せ》めてきたことがあった。けれどアボットは、たくみにさばいて八人をアウトにした。

投球《とうきゅう》のすぐ後、グラブを右手から左手にすばやく持ちかえる「アボットスイッチ」をあみだした。それで片手《かたて》で投げ守備《しゅび》もする、という問題を克服《こくふく》したのだった。ミシガン大学の時は、三シーズンで二八勝《しょう》三敗《ぱい》という好成績《こうせいせき》をのこした。

一九八八年には、ソウルオリンピックに出場《しゅつじょう》し、アメリカチームのエースとして活躍《かつやく》した。決勝戦《けっしょうせん》で対戦《たいせん》した相手は日本チームだ。その試合では、ヘッドスライディングでゴロをさばくなど、すばらしいプレーをいくつも見せた。五対《たい》三で日本に完《かん》投勝《とうが》ちし、金メダルを獲得《かくとく》した。

その年アボットは、アナハイム・エンゼルスからドラフト一位《い》で指名《しめい》された。オープン戦《せん》で好成績《こうせいせき》をおさめたアボットは、一九八九年四月九日に対マリナーズ戦でデビューした。子どものころの夢《ゆめ》がかなった。彼《かれ》の登板《とうばん》は世界中から注目《ちゅうもく》をあつめた。

「右手について聞かれることは悪《わる》いことではない。わたしがどうやってプレーするかを話すことによって、ハンディを持つ人びとの支《ささ》えになり、はげみになっていると思っている」

記者会見でアボットは、こう話した。

彼は時速《じそく》一五〇キロをこえる速球《そっきゅう》を武器《ぶき》に、一九八九年は一二勝《しょう》一二敗《はい》、九〇年には一〇勝一四敗、九一年には一八勝一一敗と活躍した。九三年には、名門《めいもん》ヤンキースに移《うつ》った。

一九九三年九月四日、アボットはヤンキー・スタジアムでインディアンス戦《せん》に登《とう》板《ばん》、みごとノーヒットノーラン試合を達成《たっせい》した。名誉《めいよ》あるメジャーの「ノーヒッター」のひとりとなったのだった。

写真：Thomas Anderson/ アフロ

ハンディをのりこえ、ノーヒットノーラン試合《じあい》を達成《たっせい》したジム・アボット。

この試合《しあい》で、九回までひとりの走者《そうしゃ》も出ていなかったインディアンスは、セーフティバントで出塁《しゅつるい》しようと試《こころ》みた。バントしたボールがファウルになると、スタンドの観客《かんきゃく》はいっせいにブーイングした。さいごの打者《だしゃ》が内野《ないや》ゴロに打《う》ちとられ、ノーヒットノーランが達成《たっせい》された瞬間《しゅんかん》、三万人の観客《かんきゃく》は全員《ぜんいん》立《た》ち上がった。アボットに、心からの祝福《しゅくふく》の拍手《はくしゅ》を送《おく》ったのだった。

一九九九年、アボットは体力の限界《げんかい》を感じて現役《げんえき》を引退《いんたい》した。彼は引退する時、会見《かいけん》でこういった。

「ぼくのキャリアは偉大《いだい》ではないが、すばらしかった」

偉大ではなくても、ひたむきでけんめいな彼のプレーは、世界中の人びとに勇気《ゆうき》と感動《かんどう》を与《あた》えてくれた。

ホームランをミラクルキャッチ◆ジェフ・メイアー少年

一九九六年、ア・リーグのチャンピオンを決める試合《しあい》は、ニューヨーク・ヤンキースとボルティモア・オリオールズとの間で戦《たたか》われた。

そのできごとが起《お》きたのは、シリーズの第一戦《だいいっせん》だった。試合はオリオールズが優《ゆう》勢《せい》ですすめ、八回裏《かいうら》ヤンキースの攻撃《こうげき》となった。四対三でオリオールズがリードしている。打席《だせき》のジーター選手《せんしゅ》は、ライトに大きな飛球《ひきゅう》を打《う》ち上げた。フェンスぎりぎりの飛球だった。

オリオールズのライト、トニー・タラスコ選手《せんしゅ》はフェンスまで走り、思いきりグラブを差《さ》しだした。その時、フェンスの上から子ども用のグラブがのびてきたのだ。ボールはそのグラブにあたって、観客席《かんきゃくせき》に飛びこんでしまった。

タラスコは落《お》ちてくるはずのボールが消《き》えてしまい、ぼう然《ぜん》とした。ライトの審《しん》判《ぱん》を見ると、右手をぐるぐるまわしている。

「ええっ、あれがホームランなのか」

おこったのはオリオールズのジョンソン監督《かんとく》。すぐに飛びだして、審判に猛烈《もうれつ》な抗議《こうぎ》をした。けれど、ホームランの判定《はんてい》はくつがえらなかった。

観客席からグラブを差しだしたのは、一二歳《さい》のジェフ・メイアーくんだった。この日、ライトスタンドの最前列《さいぜんれつ》にじんどり、ホームランボールが飛んでくるのを、ずっと待《ま》っていた。そして八回裏、ジーターの飛球がライトスタンドへ飛んできた。メイアーくんは待ってました、とグラブを差しだしたのだった。

ヤンキースは、メイアーくんのおかげで同点《どうてん》に追《お》いついた。試合は延長戦《えんちょうせん》に入り、一一回裏に五対《たい》四でオリオールズにサヨナラ勝《が》ちをした。

リーグのチャンピオンを決める試合、ワールドシリーズなどの短期決戦《たんきけっせん》は「勢《いきお》い」に乗《の》らないと勝てない。ヤンキースはこの試合で勢いをつくり、ワールドシリーズに出場《しゅつじょう》して、優勝をはたした。その勢いをつくってくれたのは、メイアーくんだった。

メイアーくんは、よく朝の新聞《しんぶん》に大きく取り上げられた。朝のテレビ番組にも出《しゅつ》演《えん》した。そしてヤンキースのピンチを救《すく》った少年として、全米《ぜんべい》に紹介《しょうかい》されたのだった。インタビューにこたえて、メイアーくんはこうこたえた。

「将来《しょうらい》の夢《ゆめ》はヤンキースの選手《せんしゅ》になって、ワールドシリーズに出場することです」

ほんとうに、野球とはなにが起《お》きるかわからない、おもしろいゲームである。

ヤギの呪《のろ》い◆シカゴ・カブス

レッドソックスのバンビーノの呪《のろ》いは解《と》けた。しかし、メジャーでまだ解けていない奇妙《きみょう》な呪いがあった。「ヤギの呪い」である。

ナ・リーグ中部地区《ちゅうぶちく》のシカゴ・カブスは、一九〇八年からワールドシリーズを制《せい》覇《は》していない。一九四五年からずっとリーグ優勝《ゆうしょう》にも関係《かんけい》がない。カブスには、「悪《わる》いことが起《お》きるチーム」というありがたくない名前がつけられている。そして「ヤギの呪い」というきみょうな呪いのせいで、カブスは永久《えいきゅう》に勝《か》てないとささやかれているのだ。

どうして、そんなことがいわれるようになったのか。

一九四五年、サイアニスという名のシカゴ・カブスのファンがいた。サイアニスは、ワールドシリーズを観戦《かんせん》しようと、ペットのヤギをつれてリグレー・フィールド（カブスの本拠地《ほんきょち》）にやってきた。相手《あいて》チームは、デトロイト・タイガースだった。

サイアニスは、一四ドル四〇セントをはらって、あらかじめボックス席《せき》のチケット二枚《まい》を買《か》っておいた。ところが球場《きゅうじょう》入《い》り口《ぐち》に来ると、サイアニスは入場《にゅうじょう》を断《ことわ》られてしまった。いくら頼《たの》んでも、入れてもらえない。理由《りゆう》をたずねると、オーナーのリグレーが答えた。

「ヤギはくさいですからね。入れるわけにはいかないんですよ」

どうしても球場に入れず、サイアニスはヤギをつれて家にもどった。やってきた新聞記者《しんぶんきしゃ》に、サイアニスはいった。

「うちのヤギを侮辱《ぶじょく》されて、がっくりした。リグレーがあやまりにくるまで、カブスは呪《のろ》われるだろう」

もう一つの説では、入場を断られたサイアニスはくやしくて、試合《しあい》がはじまった球場の外からさけんだ。

「カブスはもうだめだ。二度と勝《か》てないぞー」

サイアニスの恨《うら》みのせいかどうか、その日の試合、カブスは負《ま》けた。

家にもどったサイアニスは、球場あてに電報《でんぽう》を打った。

「ヤギはくさい、なんていうからカブスは試合に負けたのだ」

それ以来《いらい》、ヤギの呪いのために、カブスはワールドシリーズで勝てない。野球ファンはみんなそう思っている。カブスファンは、どうしたらその呪いが解《と》けるのかをずっと考えてきた。球団には、早く呪いが解けるように動けという声が寄《よ》せられる。

一九七〇年に球団は、サイアニスの跡《あと》つぎになった甥《おい》のサム・サイアニスを、球場に招待《しょうたい》した。また、球場のベース間をヤギに歩いてもらう「ヤギパレード」もおこなった。しかしいまのところ、何をやっても呪いは解けていないようだ。カブスはいまだワールドシリーズで勝っていない。

8　がんばれ、日本人メジャー・リーガー

日本人初《はつ》のメジャー投手《とうしゅ》◆村上雅則《むらかみまさのり》投手《とうしゅ》

「マッシー」という投手《とうしゅ》を知っている？　村上雅則《むらかみまさのり》、日本人としてはじめてメジャー・リーグの試合《しあい》に出場《しゅつじょう》した投手である。

一九六四年九月一日。ニューヨークのシェイ・スタジアムでは、ニューヨーク・メッツ対《たい》サンフランシスコ・ジャイアンツの試合がおこなわれていた。

八回裏《うら》、ジャイアンツのマウンドにあがったのは、村上雅則投手だった。「マッシー」こと村上投手は、五番《ばん》バッターのチャーリー・スミスを三振《さんしん》に討《う》ちとった。つぎのバッターにはヒットを打たれたものの、七番、八番バッターは三振とショートゴロに討ちとり、すばらしいデビューをかざった。

村上《むらかみ》は、南海《なんかい》ホークス（いまのソフトバンク・ホークス）からマイナー・リーグ1Aのフレスノ・ジャイアンツへ野球留学《やきゅうりゅうがく》をしていた。そこで五〇試合《しあい》に登板《とうばん》、一一勝《しょう》七敗《はい》、防御率《ぼうぎょりつ》一・七八というみごとな成績《せいせき》をあげた。それがみとめられ、八月三十一日、いきなりメジャーに合流《ごうりゅう》せよとの命令《めいれい》がきたのだ。メジャーのすぐ下は3A、その下は2A、そして1Aだから、村上は1Aから三段飛《だんと》びの昇格《しょうかく》だった。

さいしょの試合で一回をおさえた村上に、初勝利《はつしょうり》の機会《きかい》がやってきた。九月二十九日の対《たい》コルト45S（いまのヒューストン・アストロズ）戦《せん》だった。サンフランシスコの球場《きゅうじょう》でおこなわれた。九回表《おもて》、四対四の同点の場面でマウンドにあがったのだ。一一回裏《うら》に、味方《みかた》のマティ・アルーがサヨナラホームランを打《う》ち、村上はみごと勝ち投手になった。

その年は一五イニングを投げて、一五奪三振《だつさんしん》、防御率《ぼうぎょりつ》一・八〇だった。ジャイアンツは戦力《せんりょく》になると考え、つぎのシーズンの契約《けいやく》もすませた。ところが、日本の南《なん》海球団《かいきゅうだん》は、「村上投手の野球留学は一年間の約束《やくそく》だった。すぐに日本に返してくれ」といって怒《おこ》った。日本とアメリカで意見《いけん》がくいちがったのだが、結局南海球団が折《お》

日本人で最初にメジャーのマウンドに立った村上雅則投手《むらかみまさのりとうしゅ》。

れた。つぎの年もメジャーでプレーすることを許《ゆる》してくれた。

村上《むらかみ》は、二年間で五勝《しょう》一敗《ぱい》九セーブの成績《せいせき》をのこした。もっとメジャーで投《な》げたかったのだが、日本に帰ってきた。日本では一〇三勝三〇セーブをあげ、一九八二年に引退《いんたい》した。

野茂英雄《のもひでお》投手《とうしゅ》がドジャースに入《にゅう》団《だん》したのは、一九九五年である。その年の八月、サンフランシスコでおこなわれたジャイアンツ対《たい》ドジャース戦《せん》は、「マッシーデー」と名づけられた。さいしょの日本人メジャー・リーガー、村上雅則《むらかみまさのり》投手に敬意《けいい》を表《ひょう》してのすばらしいはからいだった。

トルネード旋風《せんぷう》まきおこる◆野茂英雄投手《のもひでおとうしゅ》

野茂英雄投手《のもひでおとうしゅ》は、一九九〇年にドラフト一位《い》で、社会人《しゃかいじん》の新日鉄堺《しんにってつさかい》から近鉄球団《きんてつきゅうだん》に入団《にゅうだん》した。四年連続最多勝《れんぞくさいたしょう》をあげて、日本野球界《にほんやきゅうかい》のエースとなった。しかし一九九四年終わりになって、近鉄球団との契約交渉《けいやくこうしょう》がうまく進まなかった。野茂は近鉄を退団《たいだん》して、メジャー・リーグに挑戦《ちょうせん》することを決意《けつい》した。しかし日本のプロ野球をやめて、メジャーに行った選手《せんしゅ》などだれもいない。新しい天地《てんち》で自分を試《ため》してみたい。野茂《のも》の気持ちは、まわりの人になかなか理解《りかい》してもらえなかった。応援《おうえん》してくれる人はほとんどいない。野茂は日本を追《お》いだされるようにしてアメリカに渡《わた》り、ロサンゼルス・ドジャースに入団《にゅうだん》した。さいしょはマイナー契約《けいやく》からはじめ、メジャーにはいあがっていった。

一九九五年六月二日、七度目の登板《とうばん》となったメッツ戦《せん》で、二対《たい》一で初勝利《はつしょうり》をあげた。村上雅則投手《むらかみまさのりとうしゅ》以来《いらい》、三〇年ぶりのニュースだった。九五年六月、野茂は月間《げっかん》六勝《しょう》〇敗《はい》、防御率《ぼうぎょりつ》〇・八九というすばらしい記録《きろく》で、ナ・リーグの月間《げっかん》ＭＶＰ《エムブイピー》に選《えら》ばれた。

野茂《のも》の投げ方は、背番号《せばんごう》が打者《だしゃ》に見えるくらい大きく体をひねって投《な》げるもので、「トルネード投法《とうほう》」といわれる。トルネードとは竜巻《たつまき》のことであり、その独特《どくとく》な投げ方からアメリカで大評判《だいひょうばん》となった。

また、二種類《しゅるい》のフォークボールをあやつり、たくさん三振《さんしん》をとるので「ドクターK」とよばれるようにもなった。

七月におこなわれたオールスター戦《せん》にも出場《しゅつじょう》をはたし、先発《せんぱつ》をまかされるという栄誉《えいよ》も得《え》た。一年目は、一三勝《しょう》六敗《はい》の成績《せいせき》で新人王《しんじんおう》にかがやいた。

じつは、野茂投手《のもとうしゅ》はメジャー・リーグのピンチを救《すく》う大きな活躍《かつやく》をしていたのだ。

それはこういうことである。

野茂が入団《にゅうだん》する前年の春、メジャー・リーグはオーナー側《がわ》と選手会側《せんしゅかいがわ》が対立《たいりつ》した。そして選手会はストライキに入ったのだ。長くつづくストライキをきらったファンは、どんどん野球からはなれていった。

一年後の一九九五年二月に、野茂の入団が決定《けってい》し、よく三月にメジャー選手会の

トルネード投法《とうほう》で、ファンの目を見はらせた野茂《のも》英雄《ひでお》投手《とうしゅ》。

ストライキは終わった。

一九九五年のシーズンははじまったものの、球場にやってくるファンの数はとても減《へ》っていた。そんな時、マイナーからはいあがった野茂《のも》は登板《とうばん》し、七度目の登板で初勝利《はつしょうり》をものにした。そして、トルネード投法《とうほう》で活躍《かつやく》をはじめるのである。一度は離《はな》れた野球ファンを、また球場に引きもどす役目を野茂はやっていたのだ。

それまでアメリカのプロスポーツの世界《せかい》で、東洋人《とうようじん》が注目《ちゅうもく》をあびるということはあまりなかった。野茂の活躍《かつやく》は、アメリカにいる日本人だけでなく、東洋人を大きく勇気《ゆうき》づけた。

オールスター戦《せん》の後も、野茂は大活躍《だいかつやく》をする。そして、ドジャースは西地区優勝《にしちくゆうしょう》をはたすのだ。残念《ざんねん》ながらディビジョンシリーズでは、ドジャースは敗退《はいたい》した。勝《か》ったシンシナティ・レッズのヒーロー、ガント選手《せんしゅ》は、試合後《しあいご》の記者会見《きしゃかいけん》でこう話した。

「野茂投手、きみがいてくれたおかげで、野球界《やきゅうかい》は盛《も》りあがった。メジャーを救《すく》ってくれてありがとう」

野茂の活躍がなければ、九五年のメジャー・リーグはとてもさびしいものになっていた。そして、メジャーの選手はみんな野茂に感謝《かんしゃ》している、とガント選手はいったのである。

二年目の一九九六年九月十七日のロッキーズ戦《せん》。野茂は、ノーヒットノーランを達成《たっせい》した。

その後、メッツ、ブリュワーズ、タイガースをへて、二〇〇一年にはボストン・レッドソックスに所属《しょぞく》した。四月四日のオリオールズ戦では、二度目のノーヒットノーランを記録《きろく》した。ア・リーグ、ナ・リーグ両リーグでノーヒットノーランを達成《たっせい》した投手《とうしゅ》は、大投手ノーラン・ライアン以来《いらい》で史上《しじょう》四人目だった。

二〇〇二年、野茂はさいしょに所属したロサンゼルス・ドジャースにもどった。その年、自己最高《じこさいこう》タイとなる一六勝をあげ、「野茂はまだ元気だ」とメジャーのファンにアピールをした。

二〇〇三年のシーズンも快調《かいちょう》で、開幕戦《かいまくせん》ではダイヤモンドバックスと対戦《たいせん》した。相手投手《あいてとうしゅ》は、四年連続《れんぞく》サイ・ヤング賞《しょう》にかがやくランディ・ジョンソンだった。ジョンソンと投げ合い、四安打完封《あんだかんぷう》、七三振《さんしん》をうばう投球《とうきゅう》で勝利《しょうり》をものにした。

四月二十日には、本拠地《ほんきょち》ドジャース・スタジアムでジャイアンツと対戦《たいせん》し、一六対四で勝《か》って通算一〇〇勝を達成した。その快挙《かいきょ》に対して野茂《のも》は、「一〇〇勝は通《つう》過点《かてん》に過《す》ぎない」といつものように、ぶっきらぼうに話した。

野茂が努力《どりょく》をして切りひらいたメジャーの道を、いま多くの日本人選手がつづいて歩いていく。

ゴジラ、ニューヨークで吠《ほ》える◆松井秀喜選手《まついひできせんしゅ》

ニューヨーク・ヤンキースに入団《にゅうだん》した松井秀喜選手《まついひできせんしゅ》のメジャーへの挑戦《ちょうせん》は、ブルージェイズ戦《せん》からはじまった。二〇〇三年三月三十一日、カナダのトロント市《し》にあるスカイドームでの開幕戦《かいまくせん》である。

松井《まつい》は、日本を代表《だいひょう》するスラッガー（強打者《きょうだしゃ》）だった。高校三年間で六〇本のホームランを打ち、巨人軍《きょじんぐん》の選手《せんしゅ》となってからは三回もホームラン王にかがやいた。二〇〇二年十月には、五〇号ホームランを放《はな》った。シーズン五〇ホームランは、セリーグの日本人選手で二五年ぶりとなる記録《きろく》だった。

松井は、もっと高いレベル、世界の最高の舞台《ぶたい》で自分の力を試《ため》してみたいと考え、メジャー・リーグに行くことを決《き》めたのだ。

開幕戦の前日、ヤンキースをむかえるブルージェイズは、地元《じもと》の新聞《しんぶん》に広告《こうこく》をのせた。その広告には、ヤンキースの帽子《ぼうし》に鳥のアオカケス（ブルージェイ）がふんをかけた写真《しゃしん》が大きく掲載《けいさい》されていた。そして「松井を野次《やじ》ろうぜ！」のことばがそ

えてあった。

ブルージェイズでは、開幕戦《かいまくせん》に多くの観客《かんきゃく》を呼《よ》ぼうと、カナダでも注目《ちゅうもく》されていた新人《しんじん》の松井《まつい》を宣伝《せんでん》広告《こうこく》に使《つか》ったのだ。広告を見たヤンキースの人たちは、「だい

写真：アフロ

ヤンキー・スタジアムであばれまわった松井《まつい》秀喜《ひでき》選手《せんしゅ》。

じな帽子《ぼうし》にふんをかけた写真《しゃしん》をのせるとは」とひどく怒《おこ》った。けれど松井は、まったく気にしていなかった。

ブルージェイズ戦《せん》がはじまった。松井は、初打席《はつだせき》の初球《しょきゅう》をみごとにレフト前にヒットし、ランナーを帰《かえ》した。あざやかなデビューだった。

第二戦も八回にライトへヒット、九回には犠牲《ぎせい》フライでランナーをむかえ入れた。第三戦は、二本の二塁打《るいだ》を放《はな》った。開幕の三戦、松井は一四回打席に立ち、四安打《あんだ》三打点《だてん》の成績《せいせき》だった。

トロントのつぎは、デビルレイズとの三連戦を戦《たたか》った。松井は三試合で四本の安打を打《う》った。

その後、ヤンキースは地元のニューヨークに帰ってきた。本拠地《ほんきょち》でツインズをむかえて戦う。松井は一九九九年に、ヤンキー・スタジアムでプレーオフを観戦《かんせん》した。そして、自分もいつかこの球場《きゅうじょう》で打席《だせき》に立ってみたいと、大リーグへのあこがれを大きくした場所だった。

旧《きゅう》ヤンキー・スタジアムは、ベーブ・ルースの大活躍《だいかつやく》があって建設《けんせつ》できた球場《きゅうじょう》だ。

1923年にできた旧《きゅう》ヤンキー・スタジアム。この球場《きゅうじょう》ではじめてホームランを放《はな》ったのはベーブ・ルースだ。2009年に新スタジアムが完成《かんせい》した。

それで「ルースが建《た》てた家」とも呼《よ》ばれていた。松井《まつい》が、かつてベーブ・ルースも立った打席《だせき》に立つ日がやってきた。

四月八日。ヤンキー・スタジアムには、満員《まんいん》の観客《かんきゃく》がつめかけていた。午後四時五分に試合《しあい》がはじまった。四回を終わったところで、ヤンキースは三対《たい》一でリードしている。松井には、二回と四回に二度打席がまわってきた。二回の打席はセカンドゴロ、四回の打席はフォアボールだった。

五回裏《うら》、ヤンキースの攻撃《こうげき》となった。ツインズの投手《とうしゅ》は、メイズだ。ワンアウト後、ジョンソンがヒット、ジオンビーが二塁打《るいだ》を放《はな》ち、ランナーは二塁、三塁となった。

四番のバーニー・ウイリアムズは敬遠《けいえん》の四球《しきゅう》で一塁にでて、ベースはぜんぶ埋《う》まった。つぎは五番の松井だ。観客《かんきゃく》が立ち上がってさけびはじめた。

「マ・ツ・イ！　マ・ツ・イ！」

その声は、スタジアムに大きくひびく。

打席にはいった松井は、なんとしても三塁《るい》ランナーを帰《かえ》したいと考えていた。メイズは、さいしょムービングファーストボールという速球《そっきゅう》で攻《せ》めてきた。ところが四球目から攻め方を変《か》え、おもにチェンジアップを投げてきた。このボールは、スピードが遅《おそ》くてバッターのタイミングをはずす球《たま》だ。

松井はボールをよく見きわめ、打てないコースのチェンジアップにはなんとかバットを当て、ファウルにした。そして、フルカウントのツースリーとなった。

スタジアムに、ベートーベンの交響曲《こうきょうきょく》「運命《うんめい》」のはじめの部分が流れだした。松井よ、打て、という応援歌《おうえんか》のような音楽だった。音楽に合わせ、スタジアムの声援《せいえん》はひときわ大きくなった。

六球目。メイズの投《な》げたチェンジアップがまん中にはいってきた。松井はバットを鋭《するど》くふりぬいた。ライナーは、ヤンキースのファンが待つ右中間《うちゅうかん》のスタンドへ、まっすぐに飛びこんでいった。満塁《まんるい》ホームランだ。

松井《まつい》の一発《いっぱつ》に、スタンドの人は全員立ち上がっていた。両手を上げる人、帽子《ぼうし》をふる人、飛び上がる人、となりと抱《だ》き合う人、だれもが熱狂《ねっきょう》していた。入団《にゅうだん》したばかりの新人選手《しんじんせんしゅ》が、本拠地《ほんきょち》のデビュー戦《せん》で満塁《まんるい》ホームランを打ったのだ。実力《じつりょく》だけでは打てるものではない。野球の神《かみ》さまが、松井に大きな力をくれた一振《ひとふ》りだった。

ダッグアウトに帰《かえ》った松井はトーレ監督《かんとく》から、ニューヨークのファンにあいさつするようにいわれた。ベンチの外《そと》に出た松井は、ヘルメットをふって観客席の声援《せいえん》にこたえた。第一号《ごう》の満塁ホームラン。すばらしいニューヨークでのデビューだった。

はなばなしいデビューをかざった松井は、その後ヤンキースの一員《いちいん》として、着実《ちゃくじつ》にプレーをつづけていった。

ところが、大きな不幸《ふこう》が松井をおそった。メジャー三年目の二〇〇六年五月十一日のこと。ヤンキー・スタジアムでの対レッドソックス戦で、大きな怪我《けが》をしたのだ。

松井選手《まついせんしゅ》、ライトへ大飛球《だいひきゅう》を放《はな》つ。

この日、松井《まつい》は五番《ばん》レフトで出場《しゅつじょう》した。一回表の守備《しゅび》で、ロレッタ選手の打球《だきゅう》を追《お》いかけて捕球《ほきゅう》しようとした時、左手首《ひだりてくび》をひねってしまった。激痛《げきつう》がして松井の顔が大きくゆがんだ。ゲームはつづけられない。すぐに病院《びょういん》に行って検査《けんさ》したところ、左手首の骨《ほね》を骨折《こっせつ》していることがわかった。ただちに入院《にゅういん》して、つぎの日には手術《しゅじゅつ》をした。日米通算連続試合出場記録《にちべいつうさんれんぞくしあいしゅつじょうきろく》は、一七六八でとだえた。

ケガを治《なお》した松井は、グラウンドにもどってきた。けれどその後の二年間は、定《てい》位置《いち》も保証《ほしょう》されない逆境《ぎゃっきょう》の毎日だった。

三年後、二〇〇九年十月。ヤンキースは勝《か》ちぬいて、ワールドシリーズに出場した。ナ・リーグのチャンピオンは、フィラデルフィア・フィリーズだった。どちらかが四勝《しょう》するまでおこなわれる。一、二戦の試合《しあい》は、ヤンキー・スタジアムでおこなわれた。

第一戦はフィリーズが六対《たい》一で勝ち、第二戦をむかえた。一対一の六回、松井は、ペドロ・マルティネス投手から逆転《ぎゃくてん》のホームランを放《はな》った。この試合、ヤンキースが三対一で勝った。

つぎの第三戦は、フィリーズの本拠地《ほんきょち》、シチズンズバンク・パークに移《うつ》っておこなわれた。八回、松井は代打《だいだ》で登場し、ソロホームランを打った。ヤンキースが八対五で勝利《しょうり》した。第四戦《せん》はヤンキースが勝《か》って王手《おうて》をかけたが、第五戦はフィリーズが勝利して、ヤンキースの三勝《しょう》二敗《はい》となった。

第六戦はニューヨークにもどり、十一月四日にヤンキー・スタジアムで試合があった。二回に、松井がツーランで二点《てん》を先制《せんせい》した。そして三回と五回に、松井選手がタイムリーヒットで二点ずつ入れた。第六戦の松井は、四打数《だすう》三安打《あんだ》、一本塁打《ほんるいだ》。シリーズタイ記録《きろく》となる六打点《だてん》を上げた。猛打《もうだ》のゴジラに、チームメートもあっけにとられていた。

試合は七対三でヤンキースが勝ち、二〇〇〇年以来《いらい》、九年ぶりにワールドシリーズを制《せい》した。

このワールドシリーズは、松井のワンマンショーだった。その活躍を認《みと》められて、シリーズのMVP《エムブイピー》を獲得《かくとく》した。日本が生んだ強打者松井秀喜選手は、メジャーに挑《ちょう》戦《せん》して七年目で世界の頂点《ちょうてん》に立った。

松井《まつい》のシリーズの記録《きろく》は、通算《つうさん》一三打数《だすう》八安打《あんだ》で打率《だりつ》6割《わり》1分《ぶ》5厘《りん》だった。ホームランは三本、打点八はチームでもっとも多かった。名投手《めいとうしゅ》のペドロ・マルティネスを、四打数四安打二本塁打《ほんるいだ》一四球《しきゅう》と完《かん》ぺきに打《う》ち込《こ》んだのがとくにすばらしかった。

ヤンキースで活躍《かつやく》した松井だったが、そのシーズンが終わるとアナハイム・エンゼルスに移籍《いせき》した。つぎの年には、オークランド・アスレチックスに移《うつ》り、二〇一二年四月にはタンパベイ・レイズとマイナー契約《けいやく》をした。しかし、レイズでもあばれまわることはできなかった。

二〇一二年十二月二八日、松井選手《まついせんしゅ》はニューヨークで記者会見《きしゃかいけん》をおこない、現役《げんえき》引退《いんたい》を発表した。二〇年にわたるプロ野球選手としての経歴《けいれき》に幕《まく》をおろすことにしたのだ。

「あこがれのヤンキースのユニフォームに、袖《そで》をとおしてプレーできたことは、最高に幸《しあわ》せな日々でした」

松井選手は、記者会見でこういった。

メジャー・リーグでは、イチロー選手が偉大《いだい》な記録《きろく》をつくり賞賛《しょうさん》されている。でもメジャー・リーグの日本人選手で、もっとも愛《あい》されたのは松井選手だろう。
ご苦労《くろう》さまでした、松井選手。

挑戦《ちょうせん》する日本人選手《せんしゅ》たち

二〇一三年のシーズン、日本からアメリカにわたって、プレーをする日本人選手は一四人いる。

ダルビッシュ有《ゆう》投手《とうしゅ》（レンジャーズ）
イチロー選手《せんしゅ》（ヤンキース）
黒田《くろだ》博樹《ひろき》投手（ヤンキース）
青木《あおき》宣親《のりちか》選手（ブリュワーズ）
松坂《まつざか》大輔《だいすけ》投手（インディアンス）
田澤《たざわ》純一《じゅんいち》投手（レッドソックス）
上原《うえはら》浩治《こうじ》投手（レンジャーズ）
建山《たてやま》義紀《よしのり》投手（レンジャーズ）
岩隈《いわくま》久志《ひさし》投手（マリナーズ）

川崎宗則《かわさきむねのり》選手（マリナーズ）
和田毅《わだつよし》投手（オリオールズ）
高橋尚成《たかはしひさのり》投手（カブス）
中島裕之《なかじまひろゆき》選手（アスレチックス）
藤川球児《ふじかわきゅうじ》選手（カブス）

メジャーの試合《しあい》で活躍《かつやく》している選手もいれば、マイナーでけんめいにプレーしている選手もいる。

二〇一三年から新しく挑戦《ちょうせん》する選手もいる。

ここでは、三人の日本人選手を紹介《しょうかい》しよう。

黒田《くろだ》博樹《ひろき》投手《とうしゅ》（ニューヨーク・ヤンキース）

黒田《くろだ》投手は、一九九七年に専修大学《せんしゅうだいがく》から広島東洋《ひろしまとうよう》カープに入団《にゅうだん》した。カープで一一年間投《な》げ、一〇三勝《しょう》八九敗《はい》の成績《せいせき》だった。二〇〇七年のオフにＦＡ《エフエー》権《けん》を行使《こうし》して、メジャー・リーグに行くことを表明《ひょうめい》した。マリナーズ、ダイヤモンドバックス、ドジャースなどが争《あらそ》ったが、ドジャースと契約《けいやく》した。

二〇〇八年四月四日、パドレスの本拠地《ほんきょち》ペトコ・パークでメジャー初登板《はつとうばん》した。初回《しょかい》、同級生の日本人選手、井口資仁《いぐちただひと》選手《せんしゅ》からメジャー初三振《はつさんしん》をうばった。その後もテンポのよい投球《とうきゅう》で七回を投げきって、一失点《しってん》の好投《こうとう》でメジャー初勝利《はつしょうり》をあげた。

その後、打線《だせん》の援護《えんご》にめぐまれず、なかなか勝《か》ち星《ぼし》を上げることができなかった。しかし六月に初完封《はつかんぷう》をすると、七月には七回までパーフェクトのすばらしいピッチングで、二試合目《しあいめ》の完封勝利《かんぷうしょうり》をあげた。このシーズン、黒田は九勝をあげた。ドジャースはプレーオフに進出《しんしゅつ》した。黒田にとって、日本時代も入れてはじめてのプレーオフ出場となった。ドジャースは、ワールドシリーズの出場は果《は》たせなかった。

写真：AP/アフロ

ヤンキースファンをうならせる投球《とうきゅう》をする黒田《くろだ》博樹《ひろき》投手《とうしゅ》。

二年目の八月十五日、黒田《くろだ》は頭部《とうぶ》に打球《だきゅう》の直撃《ちょくげき》を受けてたおれた。今シーズンは絶望《ぜつぼう》かとみんな心配したが、幸運《こううん》なことに軽《かる》い脳《のう》しんとうですんだ。そのシーズンは、八勝《しょう》七敗《はい》だった。三年目は一一勝一三敗、四年目の二〇一一年は一三勝一六敗となった。四年間では、四一勝四六敗の成績《せいせき》をあげた。

二〇一二年からはヤンキースに移《うつ》った。ヤンキースの一員《いちいん》となっての初戦《しょせん》は、敗《はい》戦投手《せんとうしゅ》だった。第二戦は、四月十三日のヤンキー・スタジアムの開幕戦《かいまくせん》となった。相手《あいて》はエンゼルスで、九回とちゅうまで投《な》げて無失点《むしってん》、初勝利をあげた。

十月三日、シーズンの最終戦《さいしゅうせん》。地区優勝《ちくゆうしょう》をかけたレッドソックスとの一戦で、みごと勝利《しょうり》した。移籍《いせき》して一年目に、一六勝をあげたのである。スライダー、シンカー、スプリッターなどのボールが、制球《せいきゅう》よく決《き》まっていた。マウンドに立つ黒田はどうどうとしていて、とても安定感《あんていかん》がある。けが人の多いヤンキースで、一年目にして信頼《しんらい》されるエース的《てき》な存在《そんざい》となった。強力《きょうりょく》なヤンキースの打撃陣《だげきじん》がバックにいるから、この後も勝《か》ち星《ぼし》をどんどんのばしていくだろう。

青木宣親選手《あおきのりちかせんしゅ》（ミルウォーキー・ブリュワーズ）

二〇一二年に入団《にゅうだん》した青木宣親《あおきのりちか》選手は、すごい打者《だしゃ》だ。日本での八年間の成績《せいせき》を見ると、打数《だすう》は三九〇〇、安打《あんだ》は一二八四、通算打率《つうさんだりつ》三割《わり》二分《ぶ》九厘《りん》である。日本プロ野球《やきゅう》では、四〇〇〇打数以上を打者の成績《せいせき》の目安《めやす》にしている。そのため、個人通算打率《こじんつうさんだりつ》のランキングには、青木はのっていない。イチローも打数が足りないのでおなじくのっていない。イチローは、打数三六一九、安打一二七八、通算打率三割五分三厘である。

ふたりはランキングにのっていないが、イチロー選手は、日本のプロ野球史上《やきゅうしじょう》で最速《さいそく》、七五七試合《しあい》で千本安打を達成《たっせい》した。青木選手はそれにつぐ七七〇試合で、千本安打に達《たっ》している。イチロー選手と青木選手の通算打率は、ふたりともとても高い。イチローも青木も、日本が生んだ安打製造機《あんだせいぞうき》といってよいだろう。

メジャーに行くことが決《き》まった青木選手だったが、二〇一二年一月、ブリュワーズは青木選手のワークアウト（入団テストとおなじ）をおこなった。その結果《けっか》、契約《けいやく》となった。ワークアウトをやったのは、ブリュワーズが青木選手《あおきせんしゅ》の実力《じつりょく》を疑《うたが》っていたからだ。いま日本人野手の評価《ひょうか》は、とても低くなっているのだ。

そうして二〇一二年のシーズンがはじまった。四月、青木選手は二三回しか打席《だせき》に立っていない。先発出場はたった三回だけだった。監督《かんとく》は青木選手の実力を知らないというか、認《みと》めていなかったのだ。

四月八日のカージナルス戦《せん》の八回、青木選手は代打《だいだ》で出場《しゅつじょう》してヒットを打った。これがメジャーの初安打《はつあんだ》となった。四月二十日、ロッキーズ戦でホームランを放《はな》った。ランニングホームランだった。しかし、ホームランの翌日《よくじつ》もベンチで、先発出場はなかった。青木選手はじっと耐《た》えて、チャンスを待《ま》った。出場の機会《きかい》があれば、それをフルに生かしてアピールする。そう考えてやっていた。

五月からは先発出場《せんぱつしゅつじょう》がふえ、五月二十二日からはコンスタントに先発メンバーとして出場するようになった。青木選手の勝負強《しょうぶづよ》さ、器用《きよう》さを、監督やコーチが認めるようになったのだった。

六月二十三日から七月七日まで、一四試合連続安打《しあいれんぞくあんだ》を放《はな》ち、打率《だりつ》を三割《わり》に乗せた。

前半戦《ぜんはんせん》の七試合、青木選手の打率は三割一厘《りん》で、五本塁打《ほんるいだ》。イチロー選手以来の三割での折《お》り返《かえ》しだった。もうチームになくてはならない選手になった、といってよいだろう。青木は、シーズンが終わって打率は二割八分《ぶ》八厘《りん》となった。

来年以降、青木はどんな活躍《かつやく》をするのだろう。日本人野手もすばらしいではないか、とメジャーの関係者やファンが見直《みなお》してくれるよう、青木のプレーに期待《きたい》をしたい。

ブリュワーズにはなくてはならない存在《そんざい》となった青木《あおき》宣親《のりちか》選手《せんしゅ》。

松坂《まつざか》大輔《だいすけ》投手《とうしゅ》（クリーブランド・インディアンス）

松坂《まつざか》大輔《だいすけ》の名前を知っている人は多い。その活躍《かつやく》は、高校時代から飛びぬけていた。横浜高校時代《よこはまこうこうじだい》、一九九八年の甲子園《こうしえん》・春の選抜大会《せんばつたいかい》と夏の大会に連続《れんぞく》で優勝《ゆうしょう》した。夏の大会の決勝戦《けっしょうせん》では、ノーヒットノーランを達成《たっせい》している。そんな実績《じっせき》をひっさげて、一九九九年に西武《せいぶ》ライオンズに入団《にゅうだん》した。

八年間、日本のプロ野球で投《な》げ、二〇〇七年にレッドソックスの一員《いちいん》となった。四月五日のロイヤルズ戦《せん》が初先発《はつせんぱつ》だった。七回を投げ、一失点《しってん》一〇奪三振《だっさんしん》で初勝利《はつしょうり》を得《え》た。メジャー一年目は、一五勝《しょう》と二〇〇奪三振のすぐれた成績《せいせき》をのこした。この年、レッドソックスはワールドシリーズに出場して、ロッキーズと戦《たたか》った。松坂投手は第三戦に登板して、五回三分の一を投げ、二失点でみごと勝利投手となった。日本人投手では、メジャーのプレーオフで勝利したのは、松坂投手がはじめてである。レッドソックスは、ワールドシリーズの優勝《ゆうしょう》を果《は》たした。

二〇〇八年は一八勝三敗で、防御率《ぼうぎょりつ》は二・九〇とよい成績だった。しかし、

2007年、松坂大輔投手《まつざかだいすけとうしゅ》は日本人ではじめてワールドシリーズの勝利投手《しょうりとうしゅ》となった。

二〇〇九年から二〇一一年までは、毎年一〇勝《しょう》にとどかない成績《せいせき》だった。

二〇一一年四月終わりに右ひじの故障《こしょう》がわかり、六月十日にルイス・ヨーカムの執刀《しっとう》で、トミージョン手術《しゅじゅつ》をうけた。それ以来、治療《ちりょう》とリハビリの生活《せいかつ》を送《おく》ってきたが、二〇一二年六月九日、ナショナルズ戦《せん》でメジャーに復帰《ふっき》した。七月二日のアスレチックス戦《せん》では、一回九人の打者《だしゃ》に投《な》げて、四安打《あんだ》二本塁打《ほんるいだ》を打《う》たれて五失点《しってん》。さんざんな結果《けっか》だった。

八月二十八日のロイヤルズ戦は、五対《たい》一で勝利投手《しょうりとうしゅ》となった。シーズンが終了《しゅうりょう》して成績《せいせき》は、一勝《しょう》七敗《はい》、防御率《ぼうぎょりつ》八・二八となった。

松坂《まつざか》投手は二〇一二年でレッドソックスとの六年契約《けいやく》がおわり、移籍《いせき》するチームをさがしていた。

二〇一三年二月、ア・リーグ中部地区《ちゅうぶちく》のインディアンスとマイナー契約をむすんだ。メジャー・リーグ入りした時のフランコナ監督《かんとく》のもとで再出発《さいしゅっぱつ》をすることとなった。

二〇一三年のシーズンから、インディアンスのマウンドでとびはねる松坂投手のすがたが、きっと見られるだろう。
がんばれ、ダイスケ。

メジャー・リーグ個人記録

投手の記録（2012年10月現在）

▶勝利数

①	サイ・ヤング	511
②	ウォルター・ジョンソン	417
③	グローバー・アレキサンダー	373
④	クリスティ・マシューソン	373
⑤	ウォーレン・スパーン	363

▶投球回数

①	サイ・ヤング	7356.0
②	ジム・ギャルビン	5941.1
③	ウォルター・ジョンソン	5914.1
④	フィル・ニークロ	5404.1
⑤	ノーラン・ライアン	5386.0

▶奪三振数

①	ノーラン・ライアン	5714
②	ランディ・ジョンソン	4875
③	ロジャー・クレメンス	4672
④	スティーブ・カールトン	4136
⑤	バート・ブライレブン	3701

▶防御率（各年度規定投球回以上）

①	エド・ウォルシュ	1.82
②	アディ・ジョズ	1.89
③	モーデカイ・ブラウン	2.06
④	モンテ・ウォード	2.10
⑤	クリスティ・マシューソン	2.13

▶セーブ数

①	マリアノ・リベラ	608
②	トレバー・ホフマン	601
③	リー・スミス	478
④	ジョン・フランコ	424
⑤	ビリー・ワグナー	422

▶完封数

①	ウォルター・ジョンソン	110
②	グローバー・アレキサンダー	90
③	クリスティ・マシューソン	79
④	サイ・ヤング	76
⑤	エディ・プランク	69

付　録

打者・野手の記録(2012年10月現在)

▶打率(5000打席以上)

①	タイ・カッブ	0.366
②	ロジャース・ホーンズビー	0.358
③	エド・デラハンティ	0.346
④	トリス・スピーカー	0.345
⑤	ビリー・ハミルトン	0.344
⑤	テッド・ウィリアムズ	0.344

▶通算安打数

①	ピート・ローズ	4256
②	タイ・カッブ	4191
③	ハンク・アーロン	3771
④	スタン・ミュージアル	3630
⑤	トリス・スピーカー	3514

▶シーズン最多安打数

①	イチロー	262
②	ジョージ・シスラー	257
③	ビル・テリー	254
④	レフティ・オドール	254
⑤	アル・シモンズ	253

▶打点数

①	ハンク・アーロン	2297
②	ベーブ・ルース	2213
③	バリー・ボンズ	1996
④	ルー・ゲーリッグ	1995
⑤	スタン・ミュージアル	1951

▶本塁打数

①	バリー・ボンズ	762
②	ハンク・アーロン	755
③	ベーブ・ルース	714
④	ウィリー・メーズ	660
⑤	ケン・グリフィーJr.	630

▶三振数

①	レジー・ジャクソン	2597
②	ジム・トーミ	2548
③	サミー・ソーサ	2306
④	アレックス・ロドリゲス	2032
⑤	アダム・ダン	2031

▶四球数

①	バリー・ボンズ	2558
②	リッキー・ヘンダーソン	2190
③	ベーブ・ルース	2062
④	テッド・ウィリアムズ	2019
⑤	ジョー・モーガン	1865

▶盗塁数

①	リッキー・ヘンダーソン	1406
②	ルー・ブロック	938
③	ビリー・ハミルトン	912
④	タイ・カッブ	892
⑤	ティム・レインズ	808

国松 俊英（くにまつ としひで）

滋賀県生まれ。同志社大学商学部卒業。児童文学作家。童話や児童小説のほか、ノンフィクション作品を多く書いている。子どもの頃から野球が大好きで、いまも高校野球、プロ野球、MLBの観戦を熱心につづけている。シアトルやニューヨークに出かけて、日本選手に声援をおくる。おもな作品に『おかしな金曜日』『土曜日のオカリナ』『スズメの大研究』『鳥のくちばし図鑑』『トキよ 未来へはばたけ』『新島八重』などがある。

■デザイン・DTP制作：株式会社エヌ・アンド・エス企画

■写真提供：アフロ、Dreamstime.com、
表紙：AP/アフロ、裏表紙：© Ffooter ¦ Dreamstime.com

※本書は、『メジャーリーグの大研究』(PHP研究所刊) を全面的に加筆・訂正したものです。

いのちのドラマ①
メジャー・リーグはおもしろい——がんばれ日本人選手

2013年 4月25日　　第1刷発行

著　者　国松俊英
発行者　玉越直人
発行所　WAVE出版
東京都千代田区九段南4-7-15　〒102-0074
TEL　03-3261-3713
FAX　03-3261-3823
振替 00100-7-366376
E-mail:info@wave-publishers.co.jp
http://www.wave-publishers.co.jp
印　刷　加藤文明社
製　本　若林製本

NDC916　139p　22cm　ISBN978-4-87290-960-9

メジャー・リーグ30球団　フランチャイズと本拠地

ナショナル・リーグ 15球団

東部地区

チーム名	本拠地のある州	球場名
アトランタ・ブレーブス	ジョージア州	ターナー・フィールド
マイアミ・マーリンズ	フロリダ州	マーリンズ・パーク
ニューヨーク・メッツ	ニューヨーク州	シティ・フィールド
フィラデルフィア・フィリーズ	ペンシルバニア州	シチズンズバンク・パーク
ワシントン・ナショナルズ	ワシントン D.C.	ナショナルズ・パーク

中部地区

チーム名	本拠地のある州	球場名
シカゴ・カブス	イリノイ州	リグレー・フィールド
シンシナティ・レッズ	オハイオ州	グレートアメリカン・ボールパーク
ミルウォーキー・ブリュワーズ	ウィスコンシン州	ミラー・パーク
ピッツバーグ・パイレーツ	ペンシルバニア州	PNC パーク
セントルイス・カージナルス	ミズーリ州	ブッシュ・スタジアム

西部地区

チーム名	本拠地のある州	球場名
アリゾナ・ダイヤモンドバックス	アリゾナ州	チェイス・フィールド
コロラド・ロッキーズ	コロラド州	クアーズ・フィールド
ロサンゼルス・ドジャース	カリフォルニア州	ドジャー・スタジアム
サンディエゴ・パドレス	カリフォルニア州	ペトコ・パーク
サンフランシスコ・ジャイアンツ	カリフォルニア州	AT&T・パーク